{ o DIÁ
{ MYR
  myrian

{ o DIÁ
{ MYR

RIO de IAM*rawick

com Philippe Lobjois

"LE JOURNAL DE MYRIAM"
by Myriam Rawick with Philippe Lobjois
© Librairie Artheme Fayard, 2017

Prefácio © Stéphanie Habrich
Posfácio e Fotos © Yan Boechat

Tradução para a língua portuguesa
© Maria Clara Carneiro, 2018

Diretor Editorial
Christiano Menezes

Diretor Comercial
Chico de Assis

Diretor de Novos Negócios
Marcel Souto Maior

Diretor de MKT e Operações
Mike Ribera

Diretora de Estratégia Editorial
Raquel Moritz

Gerente Comercial
Fernando Madeira

Gerente de Marca
Arthur Moraes

Gerente Editorial
Marcia Heloisa

Editor
Bruno Dorigatti

Capa e Projeto Gráfico
Retina 78

Coordenador de Arte
Eldon Oliveira

Coordenador de Diagramação
Sergio Chaves

Revisão
Ana Kronemberger
Cícero Oliveira
Máximo Ribera
Vanessa Rodrigues

Finalização
Sandro Tagliamento

Impressão e Acabamento
Gráfica Geográfica

DADOS INTERNACIONAIS DE CATALOGAÇÃO NA PUBLICAÇÃO (CIP)
Angélica Ilacqua CRB-8/7057

Rawick, Myriam
  O diário de Myriam / Myriam Rawick, Philippe Lobjois ;
tradução de Maria Clara Carneiro. — 2. ed. — Rio de Janeiro :
DarkSide Books, 2020.
  320 p.

  ISBN: 978-65-5598-016-5
  Título original: Le Journal de Myriam

  1. Rawick, Myriam, 2003 – Diário 2. Síria — Alepo — Guerra —
Narrativas pessoais I. Título II. Lobjois, Philippe
III. Carneiro, Maria Clara

18-0746   CDD 956.910423

Índices para catálogo sistemático:

1. Síria — Guerra Civil — Narrativas pessoais

[2018, 2024]
Todos os direitos desta edição reservados à
DarkSide *Entretenimento* LTDA.
Rua General Roca, 935/504 — Tijuca
20521-071 — Rio de Janeiro — RJ — Brasil
www.darksidebooks.com

com Philippe Lobjois

Fotografias
Yan Boechat

Tradução
Maria Clara Carneiro

2ª edição

DARKSIDE

PALAVRAS para UM NOVO MUNDO
Prefácio à edição brasileira

Quem não conhece *O Diário de Anne Frank*? Quem não leu na escola ou em qualquer outra circunstância o diário dessa menina judia de treze anos que revelou ao mundo a trajetória de sua família e de tantos outros milhares de judeus durante a Segunda Guerra Mundial? E quantas outras pessoas tiveram a curiosidade de visitar o anexo de uma casa em Amsterdã, seu esconderijo com sua família onde viveu por 743 dias? Publicado há sete décadas, com mais de 50 milhões de cópias vendidas no mundo e traduzido em inúmeros idiomas, *O Diário de Anne Frank* tornou-se o maior clássico da literatura do holocausto, um relato poderoso da perseguição sofrida por judeus no momento mais brutal e chocante da história da Europa.

Quando me deparei com O *Diário de Myriam*, alguns meses após sua publicação na França, pensei na repetição dessa história. Uma menina, moradora do norte da cidade de Alepo, no bairro Jabal Sayid, com sua família, descreve seu dia a dia de alegrias e muitas risadas antes da guerra para, em seguida, contar sobre as primeiras manifestações à chegada dos rebeldes islamistas em seu bairro. Por meio do relato da menina, o leitor vivencia seu sofrimento e o de sua família ao ter que abandonar a casa, o bairro e, com eles, toda a sua infância. Será que a humanidade não aprendeu a lição? Seria ironia do destino uma menina, também de treze anos, escrever seu diário registrando os horrores vividos durante a Guerra da Síria, uma guerra ainda em curso nos dias atuais? Será a voz de Myriam suficiente para alertar o mundo de uma vez por todas?

Por isso senti urgência em publicar, no portal do *Joca*, uma notícia falando sobre o lançamento do diário na França. A ideia era informar as crianças e os jovens leitores sobre o heroísmo dessa menina na Síria e dialogar sobre o que acontece no mundo. A iniciativa deu tão certo que, depois de alguns dias, a página estava cheia de comentários de crianças pedindo para ler o livro. O jornal *Joca* foi concebido com este objetivo, de fazer a ponte entre os acontecimentos do mundo e o que seus leitores aprendem dentro e fora da escola. O jornal, com linguagem adequada aos jovens, dá acesso a um contexto maior, sobre o qual eles têm poder e responsabilidade. Muitas vezes nos esquecemos de que o nosso direito de acesso às mídias e de participação do debate público está assegurado pela Convenção Internacional sobre os Direitos da Criança, aprovada pela Assembleia-Geral da Organização das Nações Unidas (ONU) em 1989 e assinada pelo Brasil em 1990.

Em várias ocasiões, desde a primeira publicação do *Joca*, eu já havia ficado positivamente impressionada e orgulhosamente surpresa com o protagonismo dos leitores do jornal, e o que ocorreu agora foi um exemplo disso. Crianças de uma região carente do interior de São Paulo, que leram os textos sobre a crise dos refugiados sírios no *Joca*, organizaram um brechó com suas próprias roupas e entregaram o dinheiro a algumas famílias de refugiados que estão no Brasil. Outras crianças, de outra escola, mobilizaram-se para organizar uma olimpíada após terem lido — também no *Joca* — sobre o problema da obesidade entre as crianças brasileiras. Ainda, três alunas leram a reportagem sobre uma menina de onze anos que, para disseminar o interesse pela leitura, montou uma biblioteca comunitária dentro de sua casa e tiveram a ideia de também incentivar essa prática, mas de outra forma. Procuraram a coordenação e se propuseram a permanecer o dia todo na escola para, no período oposto ao de suas aulas, auxiliar os alunos em seu processo de alfabetização e estimular seu interesse pela leitura, lendo histórias para eles e os ajudando em suas tarefas na sala de aula. A escola autorizou, e o grupo, que no início era composto por três alunas, hoje conta com sete.

Os exemplos são infinitos, com grandes e pequenos impactos. Uma leitora chamada Anne, que não gostava de seu nome, pois a maioria de suas colegas xarás na escola chama-se Ana, quando conheceu a história de Anne Frank através do *Joca* passou a se orgulhar dele. Ou ainda, quando publicamos a batalha contra o câncer de um leitor do jornal, crianças se mobilizaram em uma escola estadual da capital de São Paulo para entregar seus cabelos para uma organização que faz perucas.

Mas a surpresa maior veio quando recebemos mais de duzentas cartas de leitores pedindo a tradução de *O Diário de Myriam* para o português, depois de lerem a notícia do lançamento do livro no jornal. Nem pude acreditar no movimento que estava presenciando. Logo, tinha uma missão na qual não podia falhar: ajudar esses leitores procurando uma editora interessada em traduzir o livro para o português. Não cabia em mim de tanta alegria quando entrei em contato com a DarkSide® Books, que já estava avaliando a obra para publicar no Brasil.

Acredito que a leitura e o conhecimento de mundo são simplesmente fundamentais e primordiais para o desenvolvimento do indivíduo. Tenho plena convicção de que ferramentas como o *Joca*, assim como os diários de Anne Frank e Myriam, têm o poder de transformar toda uma geração, tornando crianças e jovens do século XXI cidadãos críticos e ativos, que lutam por seus direitos, que cumprem seus deveres e que possuem as ferramentas necessárias para construir um futuro melhor para o nosso país. Apenas assim teremos líderes responsáveis e arquitetos de uma nova geração engajada e transformadora.

Boa leitura.

Stéphanie Habrich
*Fundadora do Joca, primeiro e único
jornal para jovens e crianças do Brasil.
São Paulo, março de 2018*

Gostaria muito de saber
o aconteceu com Myriam

obri-
gada

abra ← aqui
↙ pegue o papel de dentro

{ O DIÁRIO de MYRIAM }
myriam rawick
com Philippe Lobjois

Escola: E.M.E.F. Profº Laerte. S. D. Santo
Jensao, 22 de Junho de 2017
Nome: _____ 5º ano D

Olá! meu nome é Helena
Beatris Felix da Silva..
Queria muito que o *SOCA*
pedisse pra alguma edi-
tora, pra traduzir o livro
O diário de Myriam
Rawick!
Mas claro que pro Portu-
guês, sei de algumas
que acontecem e que
já aconteceram na
Síria....

Os alunos do 3º ano E gostariam de pedir ao "Jornal foca" a tradução do livro "O diário de Myriam" para o Português. Para isso fizemos um abaixo assinado.

SAULO 3º E
KAUAN 3 ANO E
FERNANDO 3º E
Eunice 3º e
Mikall 3º E
Enzo 3º E
LUKAS 3º E
Isabella silva 3º E ♡
marina 3º E ♡
Barbara 3º ano E Beiga
Beatriz 3º ano E
Isabelle 3º ANO E
ELOIZA 3º ANO E
MURILO 3º E ♡
GUILHERME 3º ANO E
NYKOLAS 3º ANO G
giulia 3º E ♡
Tiago 3º E

Gabriel Morais 3 ANO E
Manoela Ferro Bertti
3º E Isabela Martins de Souza Pena da Sil
Nicole Eloisa 3º E ♡
maria clara 3º E ♡
GABRIEL YURI 3º E ♡
PEDRO 3 ANO E
DAVI 3 ANO E
GABRIEL SANTOS 3º ANO E

Os alunos do 4º Ano D, montaram esse abaixo assinado para pedir ao JORNAL JOCA a tradução do livro escrito pela menina Myriam contando sua experiência durante a guerra na Síria. Todos querem a tradução do livro "O Diário de Myriam" em Português.

Yasmin V. - 4º ano D
Isabelle V. - 4 ano D
Lara Lorena 4º ano D
Jeníffere F. 4º ano D
Giovanna M. 4º ano D
Mirella B 4-D
Paulo D
Carlos Ferrer 4ºD
Mitchelly 4ºD
Giovanna P. L. 4ºD
Ana Caroline 4º D
Gabriela S. C. 4º D
Lavinia 4º D
Alicia 4º D
Everson Gomes 4º D
Giovanna Ayala 4º ano D
Gabriela Cristino 4º ano D
Miguel Máximo 4ºD
Bryan H. 4º D
Victor S. 4º D

Sofia 4º D
Enaira 4º D

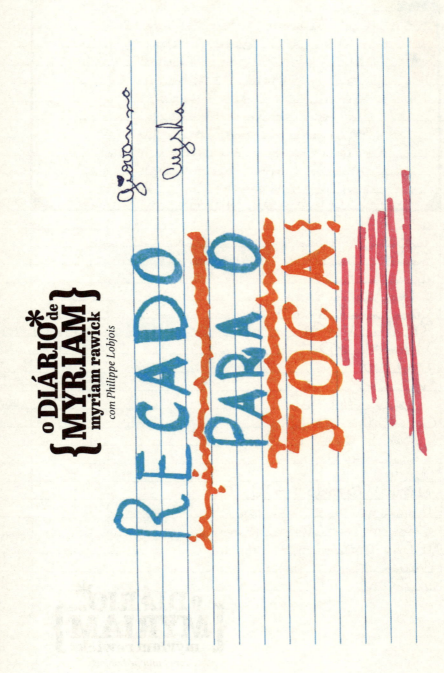

PEDIMOS A POR FAVOR
QUE VOCÊ RESPONSÁVEL
DO-SOCA TRADUZIR
O LIVRO
DIÁRIO DE MYRIAN

EMEF Profº Laerte José dos Santos
Osasco, 22 de junho de 2087
Nome: Julia G. Angelim 5º ano I

Olá! Meu nome é Julia, tenho 10 anos, moro em SP, eu gostaria de conhecer a história da Myriam Rowick. Mas não temos uma tradução da obra. Se alguém se interessar em traduzir, ficarei muito feliz!!!

{O DIÁRIO de MYRIAM}
myriam rawick
com Philippe Lobjois

Escola: E.M.E.F Profº Laerte José dos Santos
Osasco 22, de junho de 2011
Nome Laura Queiroz Santos 5ºD

Meu nome é Laura Queiroz Santos
minha idade é 10 anos eu moro em
Osasco eu estudo no Laerte em Osasco.
 Eu gostaria de que alguma editora traduzi
-se o livro dele porque eu estou muito curiosa
para saber sobre a vida de Myriam
Rourick um beijão.

Ass: Laura Para: Joco

Araxá, 22 de junho de 2017.

Ao Jornal Joca,

Eu e minha turma, tivemos aula de informática na segunda-feira, e lemos a reportagem, de uma menina da Síria, e gostei muito quando soube que ela tinha lançado um livro.

Já trabalhamos muito sobre a Síria, só que todos os livros são traduzidos para muitos países, menos para o Brasil.

E nós do quinto ano E gostaríamos que o livro "Diário de Myriam" fosse traduzido para a Língua Portuguesa do Brasil.

JORNAL JOCA!

Um beijo e um abraço a todos.
Da aluna Ana Carolina.
5º ano E

Osasco, 22 de junho de 2017

Ao Jornal Joca

Olá Jornal Joca!

Queria fazer um pedido, pois na minha aula de informática entramos no Joca online, lemos uma notícia de uma garota da Síria que escreveu um livro dizendo como é viver lá e sobre a vida dela.

Soubemos que foi traduzido para o Francês, mas nós também estamos interessadas em ler, então queremos pedir para que traduzam para nossa língua (português), estou muito curiosa e ansiosa para ler o livro Diário de Myriam.

Um beijo para todos!

Samantha Godinho Antonio 5º E

O DIÁRIO de
{ MYRIAM }
myriam rawick
com Philippe Lobjois

/ /

Osasco, 22 de junho de 2017

Ao Jornal Joca.

Eu e minha turma, 5º E, na segunda-feira lemos uma reportagem de uma menina que mora na Síria, o nome dela é Myriam. Ela tem um livro que se chama: "Diário de Myriam. A menina fez o livro na língua dela, e depois traduziram para o francês.

Gostaria que fosse traduzido
para a língua portuguesa no Brasil
para que eu e minha turma possa
ter o diário.
Fiquei muito interessada em ler o
livro.

Um grande abraço à todos.

Vitória Rissatti
5° ano E

22.06.17

Osasco, 22 de junho de 2.017.

Ao Jornal Joca

Eu gostei muito do livro que ela fez e eu queria muito que traduze para o portuguêis. Por que eu queria muito ler ese livro pra saber como é a vida dela, como é lá na Síria.

Eu vi a reportagem dessa menina chamada Myriam no jornal joca. E queria saber mais coisa.

E desidi fazer uma carta pedindo que traduzem para o portuguêis.

A minha profesora de informatica fala muito do jornal joca e da Síria.

giovanna

diario de Myriam

Osasco, 22 de junho de 2017
Ao Jornal Joca

Eu gostei muito muito da aula de informática que foi sobre uma garota da Síria que passou por muitas dificuldade. Teve que fugir dos bombardeios.
Mais passando por tudo isso pensou em escrever um diário sobre tudo da vida dela sobre como ela é da Síria e depois pra Israeis fiquei muito triste com essa notícia por isso eu queria muito que vôces passassem para nossa lingua para que possa comprar e ler vou ficar muito agradezida por isso. Enorme abaço para todas

Nicoly Rubens 5º ano E

{ o DIÁRIO de MYRIAM }
myriam rawick
com Philippe Lobjois

flores sem NOME, cidade em RUÍNAS

Prólogo

Corpos brancos, bocas entreabertas, torsos nus, peitos arqueados como se puxasse o ar... Trinta pequenas vítimas de um ataque químico, ao amanhecer do dia 6 de abril de 2017, na província de Idlib, que foram parar na primeira página de nossos jornais.

Onze dias mais tarde, 68 pequenos corpos queimados vivos durante um atentado suicida contra um ônibus, durante uma evacuação na cidade de Alepo. Crianças sem nome ou idade, repetidamente vítimas de uma guerra que não entendem.

Quantas crianças entre os quase 400 mil mortos do conflito? E quantas vidas destruídas em meio àquelas que ficam e que ainda estão crescendo?

É assim a guerra na Síria. Para além de saber quem são os mocinhos e quem são os bandidos, o que resta é só isso. Mortos que se acumulam, crianças. Asfixiadas ou queimadas vivas, nada lhes foi poupado.

Viajei para Alepo[1] no dia 15 de dezembro de 2016, quando a capital econômica da Síria ainda estava em pleno caos. Descobri ali uma cidade inteiramente em ruínas. De norte a sul, só havia resistido um triângulo que reagrupava o que chamavam de "bairros do oeste".

---

[1] A Síria é dividida em quatorze províncias ou *muhafazat*. Damasco, Alepo, Homs, Idlib, Hama são algumas delas. Alepo, a mais populosa, tem Hama ao sul, Idlib ao oeste, Racca ao leste e a Turquia ao norte. [As notas são da Tradutora, salvo indicação contrária.]

Esse triângulo, leal ao regime, o menor pedacinho dessa cidade imensa, tinha se transformado, no período dos cinco anos de guerra, em uma zona superpovoada por pessoas desalojadas, que haviam fugido das zonas ocupadas pelos rebeldes, a leste.

Não havia água nem energia elétrica, e o céu cinza chorava sem parar sobre uma cidade vítima do desespero. Não havia mais *suque*,[2] nem parque, nem fonte onde as pessoas se refrescavam quando fazia muito calor. Mas havia uma população de pé, forte, animada por uma vontade de viver.

Nessa pequena ilha sobrevivente, fui primeiro encontrar a SOS Cristãos do Oriente, organização francesa que veio ajudar os fiéis daquele lugar. Foram eles que me conduziram, em seguida, para os maristas azuis,[3] outro organismo cristão que, instalado nos morros de Alepo, abriu desde o início do conflito sua escola para as famílias de refugiados de todas as confissões.

Fui apresentado a Myriam e Antonia, mãe dela, por Georges, irmão marista, durante a distribuição regular de cestas básicas para as famílias feita pela

---

[2] Feira, nos países árabes.
[3] Organização laica masculina que se ocupa da educação dos jovens, fundada pelo padre Marcellin Champagnat (são Marcelino) em 1817, na França. Os maristas azuis são a congregação de auxílio aos jovens na Síria.

instituição. Como querem que se saiba o que é crescer nesse inferno, sobreviver como reféns em Alepo, Myriam, Antonia e seu pai, Josef, me contaram durante horas o cotidiano que levavam. Cotidiano documentado em um caderninho.

Cristã de origem armênia, Myriam vem dessas famílias sobreviventes que fugiram do genocídio perpetrado pelos turcos em 1915. Alocados há um século no bairro de Jabal Sayid, na parte norte de Alepo, foram expulsas em 2013 pelos jihadistas.

Myriam tinha seis anos em 2011, quando começaram as manifestações contra o presidente Bashar al--Assad, em Alepo. Os dias se seguem. Depois, em 2012, os primeiros tiroteios. As primeiras bombas. Aquelas com as quais logo se acostuma. E os mortos, aqueles que amamos e que desaparecem, de repente, até 2016.

Myriam teve sorte. Uma sorte impulsionada por sua força, a da sua família e de seus pais, que quiseram preservá-la, mesmo sob disparos de granada, mesmo sob ameaças de uma invasão jihadista.

Seu diário testemunha a violência que ela atravessou, sofreu. Sem entendê-la, assim como todas as crianças de Alepo e da Síria, culpadas por quererem brincar e se divertir. Culpadas por estarem vivas.

Philippe Lobjois

O ÉDEN, lembranças e POEIRA

Introdução

Basta que eu feche os olhos e me concentre para que tudo volte.

Tenho três anos, eu me agarro no sofá da sala para tentar escalá-lo. Meu rosto enfiado nas almofadas de bordado vermelho. Ouço o riso da mamãe, atrás de mim.

Tenho quatro anos e espero impacientemente meu bolo de aniversário. Sinto o cheiro de mel que vem da cozinha. Papai, mamãe, minha irmã e meus vizinhos estão lá, rindo, conversando. Há barulho, um burburinho suave, alegre.
    Mamãe me vestiu com um vestido, meu preferido. Branco com florezinhas de todas as cores, costuradas por todo canto. Passo o dedo por cima dele para contar o número de pétalas de cada flor.

Papai abriu bem as janelas da sala. Vemos o vento sacudir as árvores que quase chegam até a janela. Uma brisa entra, nos refresca e, como se fosse mágica, apaga as velas colocadas em cima do meu bolo, antes que eu tivesse tempo de soprá-las.

Tenho seis anos e mamãe me leva ao *suque* pela primeira vez. O táxi nos deixa no grande estacionamento, que também funciona como feira às quintas. Mamãe tinha me avisado: "Não largue minha mão, vai ter muita gente. Com certeza muito mais gente do que você já viu". E ela tinha razão.

Me agarro a ela e nós abrimos caminho entre os feirantes, ambulantes e pedestres que entram e saem do *suque*. Uma muralha ocre fechava a cidade velha. Me lembro dessas portas imensas de madeira, abertas para nos deixar passar.

O calor do lado de fora dá imediatamente lugar a um frescor mineral. Precisei de alguns instantes para que meus olhos se acostumassem à penumbra. O *suque* é um labirinto de pequenas ruas cobertas. Para onde quer que eu olhe, vejo tijolinhos que formam as paredes e o teto. Só se vê o céu através da base dos tijolos de vidro. No ar, várias cúpulas de pedra, uma após a outra. Tenho a impressão de estar entrando em um túnel mágico, milenar.

Por todo canto, pequenas tendas presas à parede. Tecidos de todas as cores que pendem das bancas.

Casacos, vestidos, bordados. Mamãe me mostra um rolo de tecido: "Toque". Eu hesito: tem rosa, laranja, vermelho. Escolho o verde. É macio. "Isso é seda, querida", murmura mamãe.

Prosseguimos por esse labirinto fabuloso. Vendedores de amêndoas frescas passam por nós com seus carrinhos cheios.

Mamãe me pede para fechar os olhos. Obedeço, muito feliz por poder entrar na brincadeira. Sou guiada por sua mão. "Olhe agora." Quando abro os olhos, tudo brilha intensamente à minha volta. As tendas dos tecelões tinham dado lugar às dos joalheiros. Quilos, toneladas de ouro que cintilavam. Colares, pulseiras escorriam das vitrines em rios dourados.

Cheiros, risos, cores.

Tantas lembranças que me fazem recordar minha vida de antes. Lembranças que são como miragens. Tão distantes daquilo que vivo hoje. Daquilo que vejo. Daquilo que sinto.

*

Meu nome é Myriam, tenho treze anos. Cresci em Jabal Sayid, bairro de Alepo, onde também nasci. Um bairro que não existe mais.

Tenho medo de esquecer essas imagens, essa cidade que desapareceu, esse mundo que afundou no caos.

Outro dia, mamãe me disse que meus olhos não eram os únicos guardiões de minhas lembranças. Eu podia também confiar em meus dedos, meus ouvidos, meu nariz.

A volta da escola tem o cheiro do chá de gengibre do café Ammouri; os sábados cheiram a pão redondo e quente da padaria da esquina; os domingos têm o cheiro dos círios da igreja de São Jorge; as caminhadas pelo velho *suque*, de sabão de azeite e especiarias.

Meus aniversários têm gosto de mel; o verão tem gosto de tâmaras; a primavera, de damascos de Damasco; e o inverno, do chá com canela da minha avó.

Até que tudo acontecesse, cresci nesse paraíso de cores, cheiros, sabores.

Até que tudo acontecesse, me bronzeei sob o sol de Alepo, bebi a água de Alepo, tomei banhos com sabonete de Alepo.

Adorava minha cidade, meu bairro. Gostava de sentir o calor de suas pedras polidas pelo tempo, de ouvir o canto dos almuadens,[4] de me proteger à sombra das igrejas. Eu era feliz, leve.

---

4   O servidor da mesquita que, do alto dos minaretes, ou almádenas, conclama os muçulmanos às cinco orações diárias.

E não imaginava que a vida pudesse ser de outra forma.

Com mamãe, nós caminhávamos, muito, o tempo todo. De oeste a leste, de norte a sul. Da cidadela que vigia a cidade velha até a igreja de São Elias que parece um castelo.
No verão, ao final da caminhada, parávamos embaixo dos eucaliptos da praça para tomar um sorvete de creme salpicado de pistache. Ao fechar os olhos, ainda sinto esse cheiro de leite e de flor de laranjeira.
Às vezes, quando saíamos de manhã cedo, parávamos em um café da cidade velha. Em um pátio de um caravançarai[5] onde um pequeno restaurante havia se instalado; comíamos tomates, pepino, azeitonas, queijo e pão de azeite e ervas.

Um dia, quando eu era bem pequena, papai disse: "Alepo é a estrela da terra". E ele tinha razão.
Alepo era um éden, era o nosso éden.

* * *

---

5 Estalagem pública, no Oriente Médio, para hospedar gratuitamente as caravanas que viajam por regiões desérticas.

Hoje de manhã, nos deixaram voltar para nossa casa. Do nosso apartamento, da nossa rua, do nosso bairro, não resta nada. Migalhas de cimento, farrapos de concreto, bordados com sucata. Da minha infância tão alegre, não reconheci nada.

Tivemos que sair de madrugada da nossa casa nova. Desde que a guerra começou, percorrer alguns quilômetros leva um tempo infinito. Ao chegar em nosso bairro, não pude sequer me mexer, de tão triste que o espetáculo que se estendia diante de nós era. Escombros e metal por todos os lados.
 Lá no fim da rua, ao lado da antiga lojinha onde mamãe mandava cerzir nossas roupas, havia vários carros queimados.
 No lugar do açougue, que vendia um carneiro tão bom para fazer espetinhos, um muro de carcaça de ônibus. Levantei os olhos para observar o grande edifício à minha frente, um antigo imóvel onde morava um de meus amigos de escola. Aberto ao meio. A fachada branca estava coberta de buracos negros dos quais fugiam quilômetros de fios.

Ao me virar, vi um pedaço de rua. Não reconheci na hora, mas fiquei olhando para ela por um bom tempo, como se tivesse sido misteriosamente atraída. Depois de alguns minutos, perguntei a mamãe:

"Era aqui?". Ela entendeu imediatamente do que eu estava falando. Ela assentiu com a cabeça e me estendeu a mão. Era a nossa rua.

Escalamos um monte de pedras. À minha direita, achei que tinha reconhecido algo. Era só um buraco na parede, um buraco grande, como uma garagem esburacada no edifício. Mas, contra a parede do fundo, os restos de um cartaz. Cores familiares. E, depois, tudo veio de uma só vez. Puxei a manga de mamãe e disse: "Era o mercado de Abu Yasser?".

"Era, Myriam."

Lembrei de tudo. Do sorriso do seu Yasser, o pão redondo com grãos de papoula que a gente comprava todas as noites, dos iogurtes que a mulher dele preparava e vendia às sextas-feiras.

Os cheiros, os gostos, a felicidade agora estavam aqui, sob as ruínas, abafados sob os tetos desabados.

Na frente de nosso edifício, as construções não me diziam nada. As árvores não tinham mais folhas, como se também tivessem morrido durante a guerra. Não havia mais varandas, nem janelas. Não acreditei. Não era a nossa casa.

Com minha mão agarrada na da minha mãe, entramos. Não tinha ninguém, nenhum barulho. Apenas alguns gatos que dividiam restos de um camundongo no primeiro degrau.

Mal cheguei no vão da escada e me lembrei de tudo. Das brincadeiras com os vizinhos. Do cheiro dos bolos que vinha da rua.

E, depois, dos últimos meses ali. Das noites esperando que as bombas parassem. Das horas esperando que os disparos nos deixassem dormir. Foi ali mesmo onde consolei minha irmãzinha quando os homens de preto entraram no bairro. Meu medo inundou essas paredes, as pintou de tristeza.

O apartamento não tem mais porta. Não tem mais janela. Quase não tem mais móveis.

Na sala, só sobravam um pedaço de tapete e uma cadeira em pedaços, abandonada sobre o assoalho. A geladeira, o fogão e todo resto tinha desaparecido.

Eu queria ir ao meu quarto. Mas, enquanto andava, minha sandália ficou presa no chão. Tropecei e caí de joelhos. Quando tentei me levantar, percebi algo no chão. Uma caixinha vermelha, amassada pelo tempo.

Tomei-a entre minhas mãos. Observei-a por um longo momento antes de ousar abri-la. Bastou apertar um pouco para que a tampa caísse e, logo em seguida, minhas lágrimas começaram a escorrer.

E, ao mesmo tempo em que olhava aquele tesouro, centenas de imagens voltavam à minha memória. Ali, aquele carrinho azul, foi num domingo de manhã em que, voltando da missa, brinquei de corrida com Fuad e Charbel, meus vizinhos. E aquela bola, passei uma tarde de sábado fazendo-a quicar no chão com Judi, minha melhor amiga.

Fechei a caixa. Ao olhar de novo a tampa, lembrei-me imediatamente de onde ela vinha. Na vida de antes, ela estava guardada embaixo da minha cama de madeira, atrás das sacolas de roupas que não serviam mais.
Como ela tinha ido parar ali? Não faço ideia, mas, com ela, tudo estava lá. O cheiro da padaria, o grito das crianças na rua, os bolos da minha mãe, o sorriso do dono do mercado, Abu Yasser.

Foi ali, pela primeira vez, que entendi o que significava a guerra.
A guerra era minha infância destruída sob essas ruínas e fechada em uma caixinha.

Agarrei-a, bem decidida a levá-la. Desde então, nunca me separei dela. Nunca mais.
Alguns têm fotos ou filmes, outros ainda guardam brinquedos, bichos de pelúcia ou roupas. Objetos que vão nos conectar às lembranças de antes.
Para mim, da minha infância, só resta isso. Só uma caixinha amassada.

Alepo, fevereiro de 2017

{ O DIÁRIO de MYRIAM }
myriam rawick

Alepo, 12 de junho de 2011

Minha vovó, que eu adoro, se chama Tita. Ela é velha, mas menos velha que Jedo, meu vovô. Passei a tarde com ela. Ela veio me buscar em casa depois do almoço. Ela colocou sua bela calça de linho branco e uma camisa preta, com um colete por cima. Eles beberam um chá bem quente com papai e mamãe, e depois saímos. Eles tinham que levar minha irmãzinha Joelle a um aniversário.

Adoro ficar com Tita porque ela sempre conta muitas histórias, e porque ela compra doces para mim. Hoje, fomos no Haffar, dono da melhor sorveteria da cidade. Quer dizer, não sei se é a melhor, mas, de qualquer forma, ele faz o melhor *malabi*.[6]

Em frente ao Haffar, sempre tem muita gente e, lá dentro, eles batem a massa do sorvete e dividem em fitas. Tita pediu um de flor de laranjeira. Eu, de rosas.

Assim que o sorvete derreteu em nossas bocas, bebemos um suco de damasco no terraço ao lado. Havia quatro mesas redondas na frente do café, com

---

6 *Mahallabieh*, *mhalabie* ou *malabi* é um doce similar ao manjar com damascos, de origem persa.

banquinhos de vime em volta. Ao lado, duas senhoras bem elegantes com grandes brincos. Tita me disse que ela também, quando era mais jovem, colocava brincos grandes. Minha avó devia ser muito bonita antes, apesar de ela ser ainda.

Alepo, 20 de junho de 2011

Minha escola fica no bairro de Jabriyeh, perto da igreja de São Dimitri, não muito longe da torre Amal. Ela se chama Wouroud, a "escola das rosas". Minha professora se chama Josefina, ela tem 35 anos e se parece com mamãe. Ela tem cabelos longos que caem pelas costas.

Às vezes ela nos dá patins para brincarmos no pátio do recreio. Como não tem o bastante para todo mundo, cada um pega um. Dessa forma, a gente anda sobre um pé só, tentando não quebrar a cara.

Gosto muito quando a professora pede para eu vir ao quadro explicar para os outros. Isso me deixa orgulhosa, tenho a impressão de ser sua assistente.

Ao meu lado, na carteira, fica minha melhor amiga. Ela se chama Judi, e eu gosto muito dela. Ela é muito bonita. Ela tem olhos verdes e belos cabelos brilhantes. Judi é muçulmana e mora no bairro de Hamidyeh, que não é muito longe do centro da cidade.

Nós nos sentamos uma ao lado da outra desde que eu tinha seis anos. Somos as primeiras da turma. Estudamos juntas. Quando ela não sabe, ela copia de mim. Eu também, para os ditados de inglês.

Um dia, fizemos um pacto: continuaremos sendo melhores amigas até o quinto ano.

Alepo, 23 de junho de 2011

Judi comemorou seu aniversário esta tarde. Mamãe quis ir a pé para comprar um presente no caminho. Mas eu já tinha feito um desenho para ela e escrito "melhores amigas" nele, e duas meninas dando as mãos.

Para chegar ao bairro de Hamidyeh, que é mais ao norte, passamos por um grande mercado. Mamãe segurou minha mão um tanto forte, porque tinha muita gente. O mercado era em uma espécie de grande galpão, de teto bem alto, com lojas por todo o lado e com grandes janelas de madeira para deixar entrar a luz.

Havia flores de todas as cores sobre uma pequena banca. Mamãe perguntou ao moço se ele tinha rosas. Ele então se levantou de seu banquinho, e mostrou, atrás dele, seis grandes bacias de madeira com centenas de rosas. Tinha de todas as cores, até amarelas!

Disse a mamãe que seria muito bom se pudéssemos comprar uma rosa de cada cor e saímos com um buquê que se parecia com meu estojo de tintas!

O presente deixou Judi feliz e nós brincamos a tarde toda comendo bolo de chocolate coberto de pistaches e damascos de Damasco que sua mamãe tinha preparado.

Alepo, 1º de julho de 2011

À noite, foi mamãe quem veio me buscar na escola. Depois, fui com ela até a comunidade dos maristas azuis que fica no alto da cidade, perto do consulado da Rússia. É lá que mamãe, que se chama Antonia, trabalha. Às vezes, faço meus deveres de casa, outras, brinco no pátio com Joelle, minha irmãzinha nascida em 2008. Hoje tinha catecismo com o irmão Georges.

Nós falamos do Jardim do Éden. O irmão Georges nos contou que Deus tinha colocado Adão e Eva, o primeiro homem e a primeira mulher, em um jardim. Depois, ele nos pediu para fechar os olhos e leu uma passagem da Bíblia que dizia que Deus tinha plantado árvores que davam muitas coisas boas para comer.

Ele nos pediu para imaginar. Sonhei que Eva tinha o rosto de mamãe, Adão o de papai. Eles estavam colhendo *malabi* em uma árvore.

Alepo, 2 de julho de 2011

As aulas terminaram e só voltaremos daqui a quatro semanas. Dei a Judi uma pulseira que tinha a mais, assim a gente não vai se esquecer uma da outra durante as férias. Vou sentir saudade dela.
Papai veio me buscar na escola às 16 horas. Ele tem uma loja com meu tio em uma das ruazinhas do bairro cristão de Sulaymaniyah. Eles vendem café e sanduíches.

Papai pegou minha mão e caminhamos em direção a nosso bairro. O sol estava forte, e isso deixava as fachadas dos prédios ainda mais douradas que o normal. Como era o primeiro dia de férias, tinha muita gente na rua. No café, que é ao lado da igreja de São Dimitri, muita gente bebia sucos de frutas do lado de fora.
Ao chegar a Jabal Sayid, cruzamos com o costureiro sentado na frente da sua vitrine, tomando chá. Às vezes ele me dá pedacinhos de tecido dizendo que servirão de lencinhos para minhas bonecas.

Depois do costureiro, passamos por Abu Yasser, o dono do mercado, que sempre aperta a mão de papai. Em seguida, na frente da fumaça do café Ammouri, em que homens jogavam gamão enquanto fumavam narguilé. Adoro esse cheiro de tabaco, maçã e chá.

Alepo, 10 de julho de 2011

Papai me levou com ele no barbeiro. A loja existe há mais de cem anos, e ela passa de pai para filho.

A barbearia deles é como um corredor. À esquerda, há algumas poltronas com uma mesinha redonda e copos de chá. Na parede do fundo, fica o caixa com uma fotografia do presidente Bashar al-Assad e um retrato da Virgem. À direita, três grandes poltronas de couro e um espelho que ocupa toda a parede. No chão, quadrados azuis-celestes e brancos, cobertos de pelos.

Eu me sentei em uma poltrona porque éramos os únicos clientes e olhei o moço que cortava a barba de papai. Eles conversavam sobre as manifestações que eu tinha visto na televisão há alguns dias, em Damasco. Uma hora, o barbeiro perguntou se eu queria tentar barbear papai. Eu recusei, tinha muito medo de cortá-lo.

Alepo, 20 de julho de 2011

Faz muito calor e todo mundo do prédio foi para fora, à sombra. Johnny e Lina estavam lá, com Fuad e Charbel. Eles moram bem ao lado da nossa casa. Também estavam Ghassan Charki e sua mulher Maguy; depois chegou o sr. Abu Katajbal e seus dois filhos que moram embaixo. Até Tony Deki e Ruola estavam lá com seu filho Gevorg.
   Mamãe tinha feito um grande prato de espetos com grãos de cominho. Eles os tinham assado do lado de fora, em grandes churrasqueiras. Com Joelle, fizemos uma salada de tabule com cebolas, pimentões e hortelã.

Alepo, 2 de agosto de 2011

Hoje foi o casamento do tio Fadi. Ele é o irmão mais novo de papai. Adoro ele, é um pouco como meu irmão mais velho. Ele deve ter dois metros de altura e está sempre muito bem-vestido.

O casamento aconteceu na igreja de São Dimitri. Toda a família estava lá e estava bem-vestida. Mamãe colocou um vestido amarelo com florezinhas rosas em mim. Joelle usava um vestido rosa, com sapatilhas brancas.

Para a cerimônia, o tio Fadi quis que eu fosse a dama de honra. Então segurei a ponta do longo vestido de sua esposa. Ela estava muito bonita, os cabelos arrumados em uma longa trança que caía pelas costas.

Depois, houve uma grande festa organizada em um restaurante. Mamãe e as cunhadas de papai tinham preparado muita coisa boa de comer.

Os homens assavam a carne na brasa.

E, em seguida, ao fim do jantar, teve o momento de que eu mais gosto nos casamentos: dançamos. Tinha uma cantora de verdade, com cabelos tão longos quanto os da mamãe. Um moço tocava *ud*,[7] e outro, flauta. Tio Fadi me fez dançar por muito tempo em seus ombros e me fazia girar no ar. Foi mágico.

---

7   Instrumento similar ao alaúde.

Alepo, 15 de agosto de 2011

Hoje de manhã, papai decidiu que iríamos passear pelo bairro armênio.

Pegamos um táxi que nos deixou perto da praça Al-Hatab. E começamos a caminhar. Esse bairro não parece nem um pouco com o nosso. Os prédios são baixos e, na praça, há palmeiras como à beira-mar.

Depois de termos atravessado algumas ruas, entramos em uma viela muito mais escura que as outras. As paredes dos edifícios ao longo dela não eram douradas como no resto da cidade. Pareciam mais com grandes pedras cinza, como paralelepípedos no chão. Quis tocar para ver como era, e a parede estava fria.

Caminhamos de novo, bastante. E todas as ruas eram semelhantes. Alguém poderia dizer que era um labirinto, de tanto que elas eram pequenas e que cada uma se parecia com a outra. As portas de entrada dos apartamentos eram de madeira e emolduradas, no alto, por dois postes, um de cada lado.

Algumas delas às vezes tinham molduras de mármore ou painéis pintados. Em todas as janelas, havia grades de metal com flores que pendiam. De tal modo que todas as ruas do bairro tinham o cheiro do buquê que minha avó compra aos domingos, ao voltar da missa.

Em um dado momento, Joelle, que tinha visto a porta de uma das casas aberta, perguntou se a gente podia entrar lá. Papai olhou para um lado, para o outro, depois ele disse: "Vamos!". Fomos atrás dele, sussurrando.

Após alguns metros, chegamos em um pátio interno. Havia flores de todas as cores que subiam pelas paredes, mamãe disse que elas se chamam "hibisco". No meio, havia vasos com grandes árvores dentro, e um pequeno tanque em que peixes se agitavam.

Brincamos um pouco com eles, depois saímos e caminhamos de novo. Como estava começando a ficar cansada, perguntei à mamãe:

"A gente vai se sentar logo?"

"Sim, mas, antes, queremos mostrar uma coisa para vocês."

"É uma surpresa?"

"De certa forma, sim."

A surpresa ficava a alguns metros de nós. Um grande edifício feito de grandes pedras brancas com um pequeno grupo de pessoas agrupado logo em frente. Da construção se elevava uma imensa torre quadrada com sino e um relógio dentro. Diante da entrada, tinha um prédio branco sobre o qual reconheci uma escrita, era armênio.

Perguntei onde a gente estava. Papai disse que era a catedral armênia dos Quarenta Mártires.[8] Quando entramos, mamãe fez um gesto de não fazer barulho para Joelle e para mim. Lá dentro, estava fresco, o sol só passava pelos vitrais, no alto. Havia luz, mas amarela e rosa, como em um sonho. Nas paredes, centenas de quadros estavam pendurados e, por todo canto, colunas, cadeiras, coberturas finas de ouro davam à catedral ares de palácio.

Era maravilhoso. Mamãe fez um sinal para que a seguíssemos e para nos sentarmos em um banco, e ficamos pelo menos uma hora assim, em um lugar fresco, olhando ao nosso redor e admirando o quanto tudo era belo.

Em seguida, papai disse que era hora do chá e que iríamos tomá-lo na Sissi. Depois de alguns metros no

---

[8] Catedral dos Santos Quarenta Mártires de Sebaste, em homenagem aos soldados cristãos que se recusaram a jurar fidelidade aos deuses romanos no século IV.

labirinto, paramos na frente de uma porta de madeira que se abria para duas paredes de pedra.

Entramos e pegamos um corredor tão escuro que, no começo, não vi nem o balcão, nem a mesa alta atrás da qual estava instalado um homem vestido de preto, com uma camisa branca.

"Para tomar um café? Lá fora ou aqui dentro?"
"Lá fora", respondeu papai.

Seguimos o homem, atravessamos uma sala em que as mesas estavam arrumadas para o jantar, depois chegamos em um pátio interno. Era ainda mais bonito do que aquele que tínhamos visto antes.

Uma fonte fazia um barulho de riacho, passarinhos voavam por toda parte. Um limoeiro e um pé de cidra em um canto enchiam o lugar com seus odores. Uma escada subia para o andar de cima e uma varanda, que era de pedra, mais parecia feita de renda.

Estava cheio de pessoas conversando, mas a gente tinha a impressão de que eles sussurravam para não atrapalhar os outros.

O garçom fez um gesto para que nos instalássemos. A gente se sentou e ele colocou um guardanapo em cima de meus joelhos, em que estava escrito: "Sissi", o nome do lugar.

Depois de um tempo, não consegui resistir e perguntei para papai: "Papai, você acha que é um antigo palácio da princesa Sissi?". Ele riu, depois respondeu:

"Não, Myriam. Mas dizem que a imperatriz da Áustria veio comer aqui, um dia. E que, desde a sua passagem, o restaurante se chama assim."

"Ela veio aqui porque ela era armênia?"

Papai riu mais ainda. Depois, me respondeu que não, ela não era armênia.

"Se nós somos armênios, por que não vivemos nesse bairro?"

"Porque nossa família chegou bem depois dos armênios que construíram esse bairro."

Papai me explicou que meu tataravô armênio tinha chegado na Síria há mais de cem anos. Que, antes, com sua mulher, eles moravam na Turquia, mas que uma grande tragédia aconteceu, que os turcos os culparam por ela e que só puderam salvar suas vidas fugindo para o outro lado da fronteira, na Síria, em 1915. Eles tinham seguido outras comunidades cristãs da Turquia, que tinham vindo se estabelecer em Jabal Sayid, nosso bairro.

"Foi o Grande Exílio, minha querida. O Safa Barlik."⁹ Perguntei se era um momento triste e papai disse que sim.

Tenho que sair, o tio Fadi acaba de chegar em nosso apartamento. Ele vem jantar com sua mulher, porque logo ele vai embora para cumprir o serviço militar, e ele está se despedindo de toda a família.

9   Durante a Primeira Guerra Mundial, os armênios estavam sob domínio do Império Otomano, e havia anos já batalhavam por independência, massacrados sistematicamente pela força turca, o que culminou no Genocídio Armênio de 1915 (até hoje não reconhecido pelos turcos). Isso fez com que os povos armênios fossem se refugiar em territórios vizinhos.

Alepo, 13 de setembro de 2011

As aulas voltaram. Minha professora, dona Josefina, nos ensinou várias palavras novas em francês. Ela disse que, agora, quando chegarmos na aula, temos que dizer *bonjour* e que, quando formos embora, no fim da tarde, temos que dizer *au revoir*.

Quando a professora pediu a Abu para dizer *bonjour*, ele se enganou e disse *bijoux*. A turma toda riu.[10]

---

10 Respectivamente, as palavras francesas para: bom dia, tchau e joias.

Alepo, 18 de setembro de 2011

É domingo. Normalmente, vamos passear depois da missa. Mas, hoje, ficamos a tarde toda na casa do primo Elias vendo televisão.

A voz disse que estavam acontecendo grandes manifestações em Alepo. Perguntei a papai o que era. Ele me respondeu que isso queria dizer que muita gente ia para a rua por não estar de acordo com o governo do presidente. Parado na frente da TV, ele parecia hipnotizado. Entendi que era importante, pois ele estava quieto.

Uma hora a gente ouviu alguns tiros. Mamãe se levantou e desligou a televisão. Ela não queria que a gente visse. Mas papai voltou a ligar.

Nós tínhamos uma antena parabólica e assim recebíamos vários canais. Tem a MBC 1 e MBC 2, da Arábia Saudita, e Al Jazeera, que vem do Qatar.

Mas meu canal preferido é o MBC 3, que tem desenhos animados.

Alepo, 19 de setembro de 2011

Hoje foi o tio Fadi quem veio me buscar na escola. Ele quis me fazer uma surpresa, pois conseguiu uma licença do Exército. Como estava de carro, me levou para comprar um *malabi* no Haffar. Foi ótimo, mesmo que Joelle tenha ficado com ciúmes quando ele me deixou em casa.

Alepo, 20 de setembro de 2011

Hoje de manhã, quando o ônibus nos deixou na frente da escola, o diretor nos esperava com todas as professoras. Ele parecia bravo. Ele nos disse para entrarmos logo, mas ainda assim consegui ver que, nos muros do lado de fora, estava escrito, com tinta preta: "A revolução continua"; "Fora".
    Ao voltar da escola, perguntei a papai por que alguém escreveria isso. Ele me respondeu que era coisa de gente grande.

Alepo, 21 de setembro de 2011

Ontem no jantar, papai me disse que eu não iria mais sozinha à escola. Perguntei se era por causa do que estava escrito nos muros e ele me respondeu que sim.

    Tenho de estudar francês e ainda terminar um exercício de matemática para amanhã, preciso voltar aos meus deveres de casa no meu quarto.

Alepo, 26 de setembro de 2011

Gosto quando papai me leva na escola porque, no caminho, a gente para na padaria bem pertinho de lá. Ali, papai compra o meu tesouro. A moça chama de "pulseira de dama", papai diz *swar el set*. Não importa, é um doce de princesa: um bolinho de massa folheada com pistache.

Alepo, 3 de outubro de 2011

No recreio, brincamos de bolinha de gude no pátio. Eu fiquei no time da Judi e a gente apostou dois buticões contra Abu e Gevorg. Mas não terminamos, porque ouvimos gritos, centenas de vozes e um tumulto vindo da rua. Parecia que uma partida de futebol tinha acabado de terminar e que o time de Alepo ganhou.

Depois, vimos centenas de pessoas passando na frente do portão da escola. Havia muitos homens, mas também algumas mulheres. Um grupo de pessoas segurava um cartaz em que estava escrito: "Nós não vamos ceder! Deus é grande!". Outros seguravam pães inteiros que eles agitavam no ar, gritando, ao mesmo tempo: "Damasco, estamos chegando!". Também vi duas mulheres que usavam louros em seus véus.

Rapidamente, as professoras saíram e nos mandaram entrar nas salas de aula. Elas pareciam um pouco apavoradas.

No final do dia, quando meu pai veio me buscar na escola, perguntei a ele:

"Papai, o que é revolução?"

"Não é assunto para crianças, Myriam."

"Quer dizer que não tenho direito de fazer uma revolução?"

Ele me respondeu que era muito complicado entender e que ele me explicaria um dia, quando eu fosse maior. Ele pegou minha mão e caminhamos até chegar em casa.

Alepo, 15 de outubro de 2011

O clima está estranho em casa. Mamãe não falava, e papai ainda não tinha voltado do trabalho.

Como eu tinha acabado os deveres de casa, perguntei se podia ver desenho animado. Mamãe disse que sim. Sentei no sofá grande em frente à televisão, coloquei o cobertor listrado tecido pela minha avó nos joelhos e liguei na MBC 3.

Mas isso não demorou muito. Papai abriu a porta do apartamento de repente. Ele parecia ofegante. Ele mal nos disse "oi" e correu na minha direção. Pegou o controle remoto que eu tinha deixado na mesa de centro e mudou de canal. Sentou-se ao meu lado, sem sequer me ver. Na tela, via-se muita gente que marchava nas ruas. A voz disse que aquilo estava acontecendo em Alepo.

Em um dado momento, disparos me fizeram pular como da última vez. Em seguida, mamãe chegou na sala e disse: "Desligue a TV. Myriam está aí, bem do lado". Mas papai não obedeceu. Então, ela mesma a desligou.

Alepo, 16 de outubro de 2011

Ontem à noite, não consegui dormir. Depois de me deitar, ouvi mamãe voltando para a sala. Ela e papai fizeram um chá e ficaram em silêncio, não como de costume. Depois de alguns minutos, entendi que, se eu não ouvia direito, não é porque eles não conversavam, é porque eles sussurravam.

Então, saí da cama e me enfiei no corredor para tentar ouvir. Fiquei colada contra a parede.

Mas, então, ouvi mamãe dizer bem alto: "Ainda bem que Myriam está direitinho na cama dela e se preparando para dormir. Porque, se não, mamãe não vai ficar nada contente". Nem tentei me mexer. Depois, ela disse ainda mais alto: "Aliás, vou ver agorinha mesmo se ela está na cama". Aí, corri feito uma flecha.

Coloquei a coberta na cabeça e fingi estar dormindo. Ela me deu um beijinho e sussurrou no meu ouvido para não me preocupar e ir dormir.

Alepo, 5 de novembro de 2011

É hora do recreio, mas continuamos dentro da sala de aula. A professora não quer que a gente saia, pois tem uma manifestação em Alepo e ela disse que era perigoso demais ficar lá fora.

Ontem à noite, quando voltei para casa, papai e mamãe estavam vendo televisão com Lina e Johnny, os vizinhos que moram ao lado. Tentei falar com eles, mas disseram que só iam me ouvir mais tarde porque agora estavam ocupados.

Mais tarde, porém, Fuad, Charbel, Joelle e eu comemos à mesa da cozinha, enquanto nossos pais ainda assistiam à TV. Depois, mamãe nos disse para irmos tomar banho.

Coloquei meu pijama, Lina e Johnny foram embora. Papai veio me dizer boa-noite. Ele apagou a luz e o som da televisão ressoou pelo apartamento até eu dormir.

Alepo, 10 de novembro de 2011

O tio Fadi conseguiu mais uma licença. Ele veio me buscar na escola com sua mulher. Foi muito legal.

    Ele me perguntou o que eu queria fazer. Eu disse que queria voltar ao café Sissi no bairro armênio. Ele me respondeu que era impossível porque estavam acontecendo manifestações na cidade velha.

Alepo, 2 de dezembro de 2011

Hoje faz frio como quando neva. De manhã, desenhei na janela de vidro do apartamento, que estava embaçada. E, quando desci para a rua, todo mundo estava usando casacos pesados e gorros.
    Como eu estava sem minhas luvas porque as perdi, Abu, um colega da escola, me emprestou as dele. Judi disse que ele deve estar apaixonado por mim.

Alepo, 26 de dezembro de 2011

É meu aniversário, mas estou um pouco triste. Jedo e Tita vieram almoçar em casa. Mamãe fez meu bolo favorito. É o que se chama "as pedras da cidadela". Um tipo de bolo recheado com geleia e massa ralada por cima. No forno, quando cozinha, ele fica com uma bela cor laranja, como as pedras da cidadela.

Mamãe colocou as velas nele. Tita me deu uma fita de música armênia. Papai e mamãe me deram uma mochila nova, rosa e branca, e Joelle fez um desenho para mim.

Eu estava triste porque o tio Fadi não conseguiu uma licença. Desde que ele foi para o Exército, mamãe teme por ele. Ela espera que os acontecimentos parem logo.

Assim que Jedo e Tita foram embora, papai e mamãe voltaram para a frente da televisão. No início, eu quis assistir com eles, mas não entendia muito bem o que a moça das notícias dizia. Tem aqueles que são a favor do presidente. Aqueles que são contra. Eles se enfrentam em todo o país. Mas a televisão síria diz que as pessoas contra o governo são muçulmanos perigosos pagos pela Arábia Saudita.

Quando papai e mamãe mudam de canal, dizem que os manifestantes são pacíficos e que é o governo quem está atacando eles.

Não entendo nada.

Alepo, 7 de janeiro de 2012

Hoje fomos almoçar na casa do meu tio Rami, em Sayed Ali, um bairro ao lado de Sulaymaniyah, na cidade velha. Adoro ir lá, porque a casa dele é tipo um palácio de princesa. A gente a vê assim que chega na rua. Tem arcadas e uma fachada em madeira esculpida.

Foi o tio Rami quem abriu a porta. Ele tinha os olhos vermelhos, nunca o tinha visto daquele jeito. Ele abraçou mamãe, depois papai, e fez um gesto para a gente entrar. Dentro da casa, a família toda estava lá e estavam todos tristes. Sobre o pequeno altar, à direita da entrada, dezenas de pequenas velas estavam acesas.

"O que aconteceu?", perguntou mamãe.

"Eles pegaram ele... pegaram ele..."

"Mas de quem você está falando?", perguntou papai.

"Pegaram ele... pegaram ele", repetiu tio Rami.

Mamãe se levantou e disse um pouco alto: "Mas pegaram quem, afinal?".

"Fadi, pegaram Fadi."

Mamãe soltou um grito alto. Papai colocou as mãos na cabeça. Então, tio Rami continuou: "Ele estava na estrada de Damasco para vir nos ver. Ele voltava de Homs, onde fazia o serviço militar. De repente, o ônibus dele foi parado no meio do nada. Era uma blitz. Pessoas mandaram descer. Todo mundo desceu e depois voltou. Mas ficaram com ele. Era uma falsa blitz! Vocês se dão conta? Uma falsa blitz!".

Não entendi tudo. Mas sabia que o tio Fadi estava em perigo e que era preciso ajudá-lo. Mamãe perguntou a Rami:

"Mas como você soube?"

"Como ele estava demorando muito para chegar, liguei para o celular dele. Uma voz que eu não conhecia atendeu e me disse que eram gente da revolução, que estavam em Idlib, na região de Jabal Zawiya."

"E o que eles querem?"

"Eles pediram um resgate de 500 mil libras sírias."[11]

Mamãe chorava. Papai colocou a mão na minha nuca e me mandou ir brincar com as outras crianças. Peguei minha prima Julia e subimos para o quarto dela. Ela não falou muito, ela também tinha os olhos vermelhos como os mais velhos. Mas ela colocou um desenho animado e esquecemos um pouco o que acontecia no andar de baixo.

---

[11] Aproximadamente R$ 17 mil pela cotação de janeiro de 2012. [NE]

No caminho de volta, no táxi, perguntei a papai o que era um resgate. Ele me disse que pessoas malvadas pegaram o tio Fadi. E que eles pediam dinheiro para libertá-lo.

Minha barriga se retorceu subitamente. Um pouco como quando é véspera de volta às aulas em setembro. Disse que estava com dor de barriga, que tinha vontade de vomitar, mas mamãe me disse que não era nada. Que eu precisava fechar os olhos, pensar em meus brinquedos, em Judi, na minha professora, que ia passar.

Alepo, 10 de janeiro de 2012

Hoje à noite, após o jantar, o tio Rami veio a nossa casa. Fui eu quem abriu a porta e vi que ele estava feliz.

Depois mamãe serviu o chá, ficamos em volta da mesa da cozinha e tio Rami nos contou como ele tinha libertado o tio Fadi. Ele disse que tinha ligado para os bandidos, dizendo que não tinha todo o resgate. No começo, os bandidos disseram para trazer três AK-47 em vez de dinheiro. Em seguida, finalmente, aceitaram as 100 mil libras sírias que a família inteira tinha juntado.

Ele alugou um carro, depois foi até o vilarejo em que Fadi estava preso. "Quando cheguei lá, os bandidos subiram comigo. Eu estava com o dinheiro no bolso do meu casaco. Eles pegaram meu celular. O chefe deles nos esperava em uma casa. Ele disse que se chamava xeique Abu Mossab. Eu disse que queria ver meu irmão. Ele mandou trazer Fadi, que estava sem camisa."

Tio Rami disse depois que o corpo dele estava roxo de tanto que bateram nele e que teve de ampará-lo nos braços para levar até o carro.

Depois, eles conversaram sobre os acontecimentos. Disseram que as manifestações tinham piorado por todo o país. E que alguns revolucionários eram fundamentalistas que queriam impor sua lei religiosa em todo o país.

Alepo, 25 de fevereiro de 2012

Hoje à noite, mamãe preparou espetos de carne com molho de tomate. Estava muito bom. Quando o jantar terminou, minha irmã foi até a janela e gritou: "Está nevando! Está nevando!". Depois ela perguntou a nossos pais se a gente podia ir lá fora fazer batalha de bolas de neve.

Papai e mamãe se olharam um instante em silêncio, depois responderam que não, que era perigoso demais, e nos mandaram escovar os dentes e ir deitar.

Fiquei desapontada. É uma tradição da nossa família ficar embaixo dos flocos quando neva em Alepo.

Alepo, 6 de março de 2012

Hoje foi mamãe quem veio me buscar na escola. O tio Fadi estava em casa. Assim que eu o vi, pulei nos braços dele.

    Depois papai me mandou fazer meus deveres de casa no quarto. Ele disse que eles precisavam conversar. Parecia ser algo importante.

Alepo, 10 de abril de 2012

Hoje, Judi veio passar o dia aqui em casa. A gente fez bolo com mamãe, depois brincamos de bolinha de gude com Fuad e Charbel. Foi muito legal.

Agora estou na sala. Papai quis ligar a televisão quando voltou do trabalho, mas Joelle, de brincadeira, se sentou sobre o controle remoto. Ele entendeu que isso queria dizer que a gente estava cansada de ele ficar sempre em frente à TV. Então, ele está lendo uma história enquanto mamãe prepara o jantar. Está cheirando a coentro, porque ela está fazendo cordeiro recheado.

Alepo, 10 de maio de 2012

Passamos mais um dia inteiro dentro da sala de aula. A professora disse que ia haver muitas manifestações e que era melhor ficar ali.

Quando papai veio me buscar e eu saí, vi que os muros da escola estavam recobertos de frases que pediam que o presidente renunciasse.

Alepo, 2 de junho de 2012

Último dia de aula. Dei um beijinho na bochecha de Abu e dei um colar a Judi, para que ela não me esqueça. Mamãe preparou um bolo para a professora.
    Vou ter muitas saudades deles. Sempre sinto falta da escola durante as férias de verão.

Alepo, 30 de junho de 2012

O calor chegou de repente. Em toda a cidade, as pessoas estão de camiseta e eu posso colocar roupas de verão.

Eu normalmente viajaria com os maristas para a colônia de férias, como faço todo ano, mas, por causa das manifestações, mamãe disse que não dá mais para sair da cidade. Ficou muito perigoso.

Então, fico no lar dos irmãos maristas, onde fazemos várias atividades. No pátio da escola, eles montaram um café. Instalaram cadeiras e mesas e organizam espetáculos. Até abriram um ateliê para ensinar a culinária de Alepo. Os pais podem vir tomar uma bebida e beliscar sementes de girassol aproveitando um pouco a sombra.

Ontem, nos ensinaram a preparar o *kabab halabi*. São pedaços de carne que fazemos aqui em Alepo, com uma salada de salsinha, cebola, limão e sumagre.[12]

---

[12] Especiaria muito usada no Oriente Médio para dar acidez aos pratos.

Alepo, 2 de julho de 2012

Hoje de manhã, o irmão Georges nos levou à cidade velha. O sol já estava bem alto quando chegamos às sombras da cidadela. É o símbolo de Alepo, ela é como uma imensa fortaleza. O irmão Georges nos explicou que ela foi construída há muito tempo, há quase dois mil anos!

Ele então nos mostrou os ofícios de antigamente. O ferreiro, o latoeiro, que ficavam escondidos nos fundos de suas lojas. Em seguida, entramos em uma velha igreja transformada em museu. É a casa Chibeni, o museu da velha Alepo.

Depois de ter passado por várias salas, o irmão Georges quis nos mostrar o mapa da cidade velha. Ele nos indicou todos os diferentes distritos e bairros de Alepo. E, por fim, fomos para a parte de cima da cidadela. Estava muito quente.

Com todas as outras crianças, contei os degraus até chegar ao alto da construção. Quando chegamos, foi de tirar o fôlego. À nossa volta, estava a cidade. Lá longe a grande mesquita, aqui nosso bairro, ali o convento. E a cidade sob os nossos pés, deu até vertigem. Não de altura, mas da grandeza. Via as mesquitas, os minaretes, os sinos das igrejas, o teto dos edifícios.

Irmão Georges nos colocou em círculo e nos mostrou os bairros com o dedo. Tentei ver nosso prédio, mas não consegui. Por outro lado, ele me mostrou o bairro de Judi.

Na volta, passamos na frente da mesquita dos Omíadas,[13] com seu imenso minarete e também o *suque* que parecia vazio. Por causa dos acontecimentos, o irmão Georges disse que os turistas não vinham mais à Síria.

Ao voltar à noite para casa, meus pais me pediram para contar meu dia. Falei para eles do cheiro das pequenas lojas, do sol sobre a cidadela, do gosto dos doces que experimentamos.

Na verdade, também era bom ficar em Alepo durante as férias.

---

13 Dinastia que comanda o segundo dos principais califados islâmicos surgidos após a morte de Maomé, desde o século VI.

Alepo, 5 de julho de 2012

Os acontecimentos em Alepo não foram nada além de primeiras vezes. Com o sequestro de Fadi foi a primeira vez que vi mamãe chorar. E foi a primeira vez que ouvi um tiro de verdade.

    Este último foi essa manhã. A gente estava brincando de pique-alto. Subi na beira de uma janela para que Joelle, que era quem devia pegar, não tivesse tempo de me tocar. Ela estava na minha frente, ali, esperando que eu descesse, quando, de repente, um barulho forte ressoou.

Desci logo da janela para segurar Joelle que tinha começado a chorar. Nós olhamos o céu, mas não vimos nada. Em seguida, Abu Yasser correu em nossa direção e nos pediu para a gente voltar para casa.

    Quando a gente entrou no apartamento, mamãe também olhava pela janela. Ela parecia preocupada, estava telefonando para o papai.

    Eu lhe perguntei o que era aquilo, ela disse que não sabia, mas que a gente devia ficar em casa até que o papai voltasse.

    No jantar, papai disse que eram tiros e que, quando a gente os ouvisse, era preciso correr e se proteger.

Alepo, 10 de julho de 2012

Ouvimos outros tiros hoje pela manhã. No início, a gente até contava. Mas depois se aceleraram e não consegui mais contar tão rápido.

Como me dava um pouco de medo, mesmo quando longe, fiquei em casa o dia todo com Joelle. Ficamos coladas ao ventilador para ter ar fresco e não nos mexemos. Felizmente, porque os tiros recomeçaram à tarde.

Essa noite, ainda há tiros, mas quase não tenho mais medo. Papai e mamãe disseram que não tinha nenhum risco, que a gente ia se acostumar e que, de qualquer forma, tudo ia voltar ao normal.

Alepo, 17 de julho de 2012

Hoje foi um dos piores dias da minha vida. Acabei de rezar bem forte para pedir a Deus que isso nunca mais aconteça.

Hoje de manhã, estava no apartamento dos vizinhos de baixo, brincando de colorir. Estava com Fuad e Joelle. Estava pintando um sol de amarelo quando ouvi um barulho enorme de bomba que fez tremer tudo. Dei um pulo tão alto que espalhei meus lápis de cor por toda a sala, soltando um grito.

Na mesma hora, ouvi a voz de mamãe no vão da escada. Ela berrava: "Myriam! Myriam, onde você está?". Larguei tudo, peguei a mão de Joelle e corremos para encontrá-la. Tive tanto medo que continuava tremendo.

Nos braços de mamãe, tudo parou. Ela disse que tinha tudo terminado agora e nos levou para o apartamento. Em seguida, mamãe pegou seu telefone e ligou para o irmão dela: "Você ouviu isso? Sabe de onde vem?".

Em todo o edifício, os celulares tocavam sem parar. Todo mundo ligava para seus parentes, amigos, família. Ficamos no sofá com nossos bichos de pelúcia e não ousamos falar mais nada.

À noite, no jantar, perguntei aos meus pais o que era aquele horrível estrondo que havíamos ouvido há pouco. Meu pai respondeu que era uma bomba.

"Mas quem está jogando bombas em nós?"

"Ninguém está jogando em nós. É mais complicado que isso."

"A gente fez alguma coisa errada?"

Mamãe me garantiu que a gente não tinha feito nada de errado. Ela me explicou que as pessoas da revolução tinham entrado pelo norte de Alepo, nos bairros em que eu nunca tinha ido. E que o governo não estava contente.

Em seguida, ela disse que a gente precisava continuar vivendo como antes e não ter medo. Ela me fez prometer continuar brincando e aproveitar o verão.

Alepo, 21 de julho de 2012

Ontem, fui comprar novos sabonetes com mamãe no grande *suque*. Então, hoje cedo, perguntei a ela se podia usá-los para tomar banho. Ela me disse que sim, e eu coloquei o cubinho verde no canto da banheira. Tirei a roupa e então abri a torneira.

Comecei a me molhar, e aí ouvi um barulho forte do encanamento. Mais nada saiu pelo cano. Parecia que o chuveiro estava tossindo.

Mamãe correu para o banheiro. Ela girou as torneiras. Mais nada. Não tinha mais água. Água nenhuma. Então, me vesti de novo.

Não vou tomar banho essa noite, mas mamãe disse que amanhã a água deve voltar.

Alepo, 23 de julho de 2012

Ontem, a água voltou. Por algumas horas.
    Quando papai voltou do trabalho, nos sentamos ao redor da mesa. Mamãe tinha acabado de nos servir o jantar, ela sequer tinha conseguido se sentar quando todas as luzes se apagaram de repente. As luzes e a televisão que papai tinha ligado ao entrar.
    Em um segundo, ficamos no escuro e em silêncio. Deixei meu garfo no prato. Joelle começou a chorar, ela tem medo de escuro.
    Ouvimos os vizinhos se agitarem, saírem pelas escadas. Então, alguém bateu na porta. Era Abu Salem, o vizinho do último andar. Ele perguntou se nós também estávamos sem luz. Papai respondeu que sim, e ele subiu para a casa dele.
    Papai correu para a janela, ele disse: "A rua inteira está sem luz".
    Eu não conseguia ver nada, mas ouvi mamãe se levantar e mexer em uma gaveta. Ela tirou dali uma lanterna e deu para Joelle: "Está vendo, você não está mais no escuro agora". Depois ela procurou em uma outra gaveta, tirou as velas que acendeu e colocou em cima da mesa.

Jantamos no escuro. Eu conseguia ver que eles tentavam sorrir, mas isso não me acalmava.

    Ao final do jantar, mamãe colocou os pratos na pia. Ela não podia lavar a louça, pois também não tinha mais água.

Alepo, 24 de julho de 2012

Hoje a luz voltou. Felizmente, porque as bombas e os tiros no escuro dão ainda mais medo do que quando tem luz.

    A gente estava na sala brincando de colorir, Joelle e eu, quando o ventilador voltou a funcionar. Ele começou a girar sozinho.

Alepo, 25 de julho de 2012

Ao meu lado, Fuad e Charbel estão desenhando. Joelle está no colo de mamãe, que está lendo uma história. E papai está no apartamento de Johnny e Lina. Eles estão "conversando". É o que eles dizem agora quando falam da situação.

Tem pelo menos quatro horas que estamos aqui, no vão da escada. Minha barriga não dói mais, mas agora há pouco era outra coisa. Sobretudo quando teve a primeira bomba essa manhã. Estava na minha cama, ia me levantar, quando um barulho forte soou lá fora e fez tremer as paredes. Joelle começou a gritar logo depois. Mas eu nem me mexi.

Depois de alguns minutos, papai veio e me pegou nos braços. Não consegui segurar mais meu choro. Em seguida, ficamos juntos no sofá para nos confortar. Mas não durou muito, pois outras bombas vieram em seguida. Eu queria ter contado, mas minha barriga doía muito e tive que ir vomitar.

Isso deixou mamãe apavorada. Ela não conseguia ficar quieta. Ela dizia que era preciso fazer alguma coisa, que isso era demais. Então, depois de um tempo, ela colocou almofadas perto da escada. Ela me deu lápis, folhas.

Alepo, 26 de julho de 2012

Hoje mamãe disse que eu não podia ir ao lar dos maristas azuis. Perguntei o porquê, mas já sabia a resposta. Estou muito triste. Queria rever meus amigos da colônia de férias. A gente estava preparando um jogo: "Em busca do tesouro do Capitão Joe". Capitão Joe é um pirata que vive em uma ilha. Nós temos que descobrir seu tesouro e, para isso, precisamos passar por várias provas.

Em uma sala de aula vazia, a gente já construiu toda a ilha com redes de pesca na parede em que penduramos várias conchinhas de plástico, siris, peixes e estrelas-do-mar. Hoje a gente ia terminar o barco que devia nos levar até a ilha. Era um belo barco de madeira de verdade que o tio Rami estava nos ajudando a fabricar. Só faltava pintar de azul e a gente ia poder começar a busca ao tesouro do Capitão Joe.

Felizmente, hoje à tarde tinha eletricidade. Mas não consegui ver televisão, pois papai ficou na frente dela desde que voltou do trabalho.

No jornal, eles não param de dizer que muitos bairros na parte leste e norte da cidade começaram a cair. Perguntei a papai onde estávamos. Ele não respondeu, os olhos vidrados na televisão. Mamãe, sim, me respondeu. Ela me disse que sim, Jabal Sayid ficava ao norte da cidade.

Hoje à noite, depois do jantar, Lina e Johnny vieram em casa. Eles disseram que as pessoas da revolução chegaram até o parque Maysaloun, que há combates nos bairros de Kalaseh e de Sucari, e que os bairros de Chaar, Hanano e Jdeideh tinham sido invadidos. Mamãe disse que se eles continuassem assim, a gente corria o risco de que eles chegassem até a praça Siasieh, ali onde fica minha escola.

Alepo, 27 de julho de 2012

Hoje também não fui nos maristas. E não tinha luz. A geladeira não funciona mais, nem o ventilador. Então a gente ficou perto do vão da escada porque é mais fresco. Para ventilar, todos os vizinhos deixaram as portas e janelas dos apartamentos abertas. Alguns jogavam baralho. Mamãe está conversando com Lina. Outros, jogando gamão.

Em um dado momento, um barulho ressoou ao longe. Longo, tremido. Todo mundo parou na hora. "AK-47", disse Johnny. Em seguida, ele me explicou que quando tem um tiro é um atirador. Dois tiros é um atirador que errou o alvo. Vários tiros é um ajuste de contas.

Essa noite, os tiros não param mais.

Alepo, 28 de julho de 2012

Acordei com um barulho de multidão hoje de manhã. Achei primeiro que fossem manifestantes. Minha barriga se retorceu na hora, tive tanto medo que fiquei com muita vontade de vomitar.

Como não estava mesmo me sentindo bem, corri para o quarto dos meus pais. Entrei logo dizendo que tinha certeza de que eles estavam ali, as pessoas da revolução. Papai correu para a janela e disse que não eram manifestantes. Disse que eram pessoas com trouxas de roupas procurando um lugar onde dormir.

Mamãe disse que a gente tinha que ajudá-los. Então colocamos num cesto tudo o que a gente podia dar. Colocamos roupas, bolos, uma garrafa de azeite e descemos.

Não tinha ninguém na rua, só nós e esse grupo de pessoas que havia se instalado no parque mais para baixo de casa. A gente se aproximou. As pessoas tinham montado tendas ali ou colocado só algumas cobertas para se deitar. Havia muitas mulheres com bebês nos braços, e me deu pena de vê-los daquele jeito, no sol.

Por fim, mamãe pegou minha mão e nós nos aproximamos. Um moço veio até nós. Ele disse que a gente podia deixar nosso cesto lá, no fundo, perto do balanço. Depois eles redistribuiriam aos outros o que nós tínhamos dado.

Enquanto a gente atravessava a praça, passei por um menininho com uma camisa cheia de poeira que parou na minha frente. Perguntei a mamãe o que ele queria. Ela me disse para dar alguma coisa que estava no cesto. Então dei para ele um pacote de bolinho com pistache.

Assim que pegou, ele saiu correndo. Isso me deu dó. As pessoas pareciam tão tristes. Tinha até um grupo de senhoras de preto que estavam chorando.

Deixamos o cesto e voltamos para casa. Não quis mais sair do apartamento. Mais tarde, papai explicou que eram turcomanos de Busan al-Basha, o bairro bem ao lado do nosso, que está sendo bombardeado há várias semanas. Ele disse que as pessoas da revolução tinham invadido o bairro deles e que o governo estava tentando retomar o controle, com armas ou bombas. Eles tiveram que fugir para salvar suas vidas.

Alepo, 29 de julho de 2012

Hoje à noite, sonhei que o menininho coberto de poeira estava perdido no grande *suque* e que eu tinha que encontrá-lo. Então, quando acordei, corri para o colo da mamãe. Perguntei a ela o que a gente ia fazer por eles. O que a gente podia fazer para que eles não dormissem mais na grama do parque.

Mamãe me disse que um dos chefes do nosso bairro, o xeique Al-Jamili, tinha decidido abrir três escolas no fim da rua para acolhê-los. "Nós vamos ajudá-los amanhã, e você virá comigo até as aulas voltarem."

Durante o dia, o irmão Georges veio com outros maristas para ver a situação ali. Tinha pelo menos 2 mil pessoas no jardim público.

Muitas famílias chegam de Busan al-Basha, mas outras vêm de ainda mais longe e caminharam com os colchões na cabeça, pelo menos aqueles que tiveram tempo de pegar suas coisas.

Mamãe ficou amiga de uma dessas famílias. Eles são dez, uma das meninas se chama Mariam e tem dezessete anos. Ela vai ajudar mamãe e o irmão Georges a dar aula aos menores.

Alepo, 31 de julho de 2012

Lá se foram três dias que passamos perto do vão da escada. Faz calor, e a energia ainda não voltou, mas a gente se diverte bem de qualquer forma.

Ontem à noite, como não pudemos escutar música, nem ligar a televisão, mamãe e a mãe de Fuad cantaram enquanto Abu Salem tocava *ud*. Papai acendeu velas, que deixou sobre cada degrau da escada.

Alepo, 1º de agosto de 2012

Hoje, papai foi ao trabalho e nós conseguimos permissão para brincar do lado de fora e ir ver mamãe e as pessoas desalojadas na escola. Não teve bombas e quase nenhum tiro. Abu Yasser me deu tâmaras e consegui comprar damascos de Damasco.

Alepo, 2 de agosto de 2012

Que bom que eu comprei damascos o suficiente, porque hoje passamos o dia no vão da escada. Já faz dois dias que não temos nem luz nem água.
    Mamãe e Lina tinham armazenado baldes d'água, é assim que a gente toma banho e bebe. Hoje de manhã, mamãe me ensinou a tomar um "banho de gato" para economizar água. A gente tem que pegar uma luva de pano, encher de água com sabão e limpar algumas partes do corpo. Depois, a gente enxágua com uma outra luva.

Alepo, 3 de agosto de 2012

Hoje tem energia elétrica. A gente assistiu a *Bob Esponja* com Joelle. Mamãe cozinhou triguilho.[14]

Depois começou o jornal, papai voltou do trabalho e ficou na frente da TV. A moça das notícias disse que a guerra tinha começado na Síria. Papai nos explicou que sim, mas que ela não chegaria até Javal Sayid.

Em seguida, na televisão, a moça disse que as pessoas da revolução tinham matado muita gente em uma cidade do Sul da Síria que se chama Daraa. Eles mostraram imagens, mas mamãe cobriu meus olhos para que eu não as visse.

Mas eu vi assim mesmo. Na tela da TV, tinha gente caindo de uma ponte. Tinha sangue por todo lado.

14   Farelo de trigo.

Alepo, 4 de agosto de 2012

Hoje está fazendo muito calor no bairro e todo mundo do prédio se instalou perto do vão da escada para tomar um pouco de ar fresco. E como não tem gás nem água, nem eletricidade, nós acendemos velas.

Daqui a pouco, as mães irão para a cozinha do apartamento de Lina para preparar o café, pois Johnny, seu marido, comprou um botijão de gás ontem. Papai contou que um só custa agora 500 libras sírias. Antes era 125.[15]

Hoje à noite, papai e Johnny vão distribuir água. Um contêiner chegou lá embaixo e é preciso subir a água com latas e baldes. Se a eletricidade voltar, vamos poder lavar roupa na máquina durante a madrugada.

---

15 Respectivamente, R$ 16 e R$ 4, pela cotação de agosto de 2012. [NE]

Alepo, 5 de agosto de 2012

Haidar. O menininho refugiado que cruzei no parque se chama Haidar. Vou vê-lo assim que mamãe me deixar ir com ela à escola. A gente se diverte bastante, até conheci seu irmãozinho e sua irmã mais velha.

Enquanto isso, mamãe conversa com as outras mulheres e as ajuda a cuidar dos menores. E o irmão Georges dá aulas para que as crianças não fiquem atrasadas na escola quando tudo acabar.

Como a irmã mais velha de Haidar fala árabe, podemos conversar. Agora há pouco, ela me contou como as pessoas da revolução chegaram onde eles moravam. Ela me disse que, uma manhã, homens haviam chegado ao bairro deles com uma máscara preta no rosto e metralhadoras. Que eles os tinham colocado para fora de casa gritando *Allahu akbar* ["Alá é o maior", em árabe].

No jantar, contei a história para papai e perguntei quem eram essas pessoas. Ele me disse que eram pessoas muito malvadas que queriam machucar os sírios e todos aqueles que não estavam de acordo com eles. Mas que isso não era história para crianças e que eu não deveria pensar nisso.

Alepo, 7 de agosto de 2012

Papai e mamãe estão brigando no apartamento. A gente ainda está no vão da escada. Papai diz que ele quer ir trabalhar, mas mamãe não quer que ele vá. Ela diz que é perigoso demais. Ela acha que as pessoas da revolução entraram em nosso bairro.

Lina está ao meu lado, ela brinca com Fuad e Charbel. Joelle brinca de boneca nos degraus de cima. Estou um pouco chateada, com vontade de sair.

Faz dias que passamos o tempo todo aqui. Deixamos o ventilador ligado porque, assim, quando a luz volta, a gente sabe logo e as mamães podem correr para as cozinhas e esquentar água para tomar banho.

Foi papai quem desceu para fazer as compras. A padaria está fechada. O *suque* abre dependendo do dia, e o açougue também. Só Abu Yasser fica aberto o tempo todo e é alguém com quem podemos contar.

Alepo, 8 de agosto de 2012

Ouvimos muitos tiros na cidade. Mamãe disse que as pessoas da revolução entraram no bairro de Achrafieh, que fica bem ao sul do nosso.

Papai encontrou pão em uma padaria. Os preços se multiplicaram por cinco. O botijão de gás custa agora quase 2.500 libras sírias.[16]

Desde ontem, tem uma barreira na entrada da rua maior que vai até nosso prédio. Foram os curdos que montaram a guarda. Eles têm armas e bandeirinhas amarelas ou verdes nas quais está escrito YPG.[17] Não sei o que isso quer dizer. Papai também não. Ele diz que eles estão ali porque as pessoas da revolução entraram no bairro de Bustan al-Basha, que é a leste do nosso.

Como as pessoas da barreira nos conhecem, eles nos deixam passar. Às vezes, precisamos mostrar um documento de identidade provando que moramos mesmo aqui. Papai resmunga. Mamãe o acalma. Agora também tem pessoas com armas circulando na rua bem em frente da nossa casa. A polícia ainda está ali, mas mamãe diz que o Exército foi para mais longe.

---

16 R$ 80, pela cotação de agosto de 2012. [NE]
17 YPG é a sigla curda para "Yekîneyên Parastina Gel", que quer dizer "Unidades de Proteção Popular", uma organização armada da população curda na Síria.

Alepo, 9 de agosto de 2012

Essa madrugada teve bombas e tiros. Vinham de longe, mas mesmo assim davam medo, então fui dormir na cama de papai e mamãe.

Hoje de manhã, foi Joelle quem veio me acordar. Ela me disse que, como tinha bombas, ela queria que eu a levasse para o vão da escada. Eu me levantei, fiquei de pijama, e coloquei os chinelos grandes de papai.

Quando saímos do apartamento, senti um cheiro que a gente conhecia bem, mas há muitos dias não tínhamos nem notícia dele. Era cheiro de pão. O pão de azeite. Com gergelim dourado em cima.

Andamos por todos os andares atrás do cheiro. Ele vinha do terceiro andar. Do apartamento do sr. Abu Fuad. Ficamos na frente da porta durante uns bons dez minutos de tanto que aquilo cheirava bem.

Até que ela se abriu de repente com o sr. Abu Fuad atrás dela. "Ah, vocês estão aí! Muito bem, vocês vão me dar uma ajudinha!" Ele nos mandou entrar na casa deles. Estava ainda mais quente que em casa.

As paredes de seu apartamento estavam cheias de

quadrinhos bordados. Ele nos pediu para segui-lo até a varanda e nos mostrou um bloco grande de madeira e de metal. Parecia uma casinha de cachorro.

Perguntamos o que era e ele respondeu que era um forno. Depois ele nos estendeu um cesto com pão dentro e nos pediu para distribuí-lo para todos os moradores do prédio. E nós brincamos de padeiras. E o cheiro bom inundou o edifício inteiro.

Alepo, 10 de agosto de 2012

Nessa madrugada, mamãe não conseguiu dormir. Eu a acordei por causa das bombas, porque me deu dor de barriga. Ela ficou comigo na sala um pouco. Depois, eu dormi com a cabeça em seu colo, no sofá.

Alepo, 12 de agosto de 2012

Tem um cheiro bom no apartamento inteiro. Agora há pouco, a luz voltou, então mamãe nos chamou. Papai foi buscar carne no mercado do Abu Yasser e mamãe queria que a gente a ajudasse a preparar os espetos. Passamos a tarde inteira misturando a carne moída com os temperos. Depois deixamos os espetos assando ao forno.

Em seguida, mamãe nos pediu para distribuir a todo mundo. Dois para Abu Salem, seis para Fuad e seus pais, quatro para o padeiro... Joelle perguntou se a gente podia mandar por correio para a professora dela, e a gente começou a gargalhar.

Acabamos de comer os nossos. Ficamos na varanda aproveitando o sol que estava se pondo. Do lado de fora, as pessoas saíram, como se essas últimas semanas não passassem de um pesadelo e a gente tivesse acabado de acordar.

Alepo, 15 de agosto de 2012

Hoje não teve nenhuma bomba. E tinha energia elétrica.
Em um dado momento, Lina bateu na nossa porta com Fuad e Charbel. Ela tinha preparado *blakavas*, esses bolinhos recheados de pistache e cobertos de mel. Ela nos deu um para cada uma, depois ficou na cozinha com mamãe.
Elas pareciam preocupadas e cochichavam para que a gente não ouvisse.

Alepo, 24 de agosto de 2012

Nessa noite, o celular de mamãe tocou. Nós estávamos na cozinha, ela atendeu, depois foi para a janela falar. Achei que tivesse acontecido alguma coisa grave com alguém quando vi a cara que ela fazia. "Sim, sim... Entendo, claro. Você faz bem... Sim, ela está bem. Não, por enquanto, ela está bem..."
    Ela desligou, depois me disse: "A volta às aulas foi cancelada, minha querida. Por causa da situação, o ônibus escolar não vai poder vir até aqui". Imediatamente, senti um nó na garganta. Tinha vontade de chorar, mas mamãe tinha assuntos mais sérios para pensar.
    Então me concentrei e disse, abaixando a cabeça para que ela não visse meus olhos: "Mas será que eles sabem quando a gente vai poder voltar lá?". Ela me disse que não, me abraçando. Mas isso não me consolou.
    Eu me levantei, fui até meu quarto e tirei uma a uma todas as coisas que tinha colocado na minha mochila no outro dia. Eu me sentei na cama e olhei pela janela por bastante tempo.

Depois, a luz voltou. Então mamãe me deixou ver desenho animado. Mas papai voltou do trabalho e, como de costume, ele ficou plantado em frente à TV.

Houve uma hora em que mostraram imagens de crianças que iam à escola em Damasco. Senti meu coração apertar, eu também queria ir para a escola. Se a guerra ainda não chegou em Alepo, como papai disse, por que eu não posso ir para a escola?

Alepo, 25 de agosto de 2012

Hoje mamãe me deixou ligar para a Judi. Sinto muitas saudades dela. No telefone, ela me disse que também estava triste. Que, da casa dela, ela ouvia tiros durante a noite e bombas. Depois ela me explicou que a mãe dela queria que eles se mudassem porque o prédio deles ficava perto da cidade velha.

Alepo, 26 de agosto de 2012

Agora há pouco, ajudei mamãe na cozinha para preparar *mjadra*. É uma mistura de lentilhas com triguilho. Mamãe disse que, como a carne estava muito cara, a gente tinha que fazer os mesmos pratos, mas sem carne. As abobrinhas estavam recheadas com arroz. Mamãe inventa receitas novas, como batatas cozidas, amassadas com salsinha e alho. É meio como um purê, mas sem manteiga.

E, para que fique melhor, ela coloca temperos, pimentão e pimenta em tudo.

Alepo, 27 de agosto de 2012

Mamãe me colocou de castigo porque, agora há pouco, eu e Joelle estávamos brincando na varanda com pedacinhos de metal dourado que tinham caído ali. Parecia ouro. Quando mamãe nos viu, ela começou a gritar e nos disse para voltar para nossos quartos e não sair mais até a hora do jantar. Ela disse que eram balas de metralhadora e que era perigoso.
    Não é minha culpa se aquilo caiu na varanda.

Alepo, mesmo dia

Papai e mamãe me pediram para ir para a cama há menos de duas horas. Passamos o dia no vão da escada, então não estou cansada, porque a gente não faz grandes coisas quando está lá.

Não consigo dormir. Contei: desde que me deitei, já tiveram duas bombas. Já estou cheia de ficar com dor de barriga. Quero brincar lá fora. Quero ver Fadi. Quero voltar para a escola.

Alepo, 11 de setembro de 2012

Faz quatro dias que estamos sem energia. Do lado de fora, papai diz que não tem mais ninguém. E, no vão da escada, todo mundo parece triste. Eu me pergunto se Haidar teve que ir embora para ainda mais longe, já que o nosso bairro se tornou quase tão perigoso quanto o dele.

Esta noite vamos comer sanduíches com pão de forno e mortadela de mamãe. Papai vai fazê-los tão gostosos como na sua loja.

Alepo, 16 de setembro de 2012

Faz quase uma semana que estamos sem água e sem eletricidade. Antes, ela voltava de vez em quando, agora, não volta mais. Mamãe nos proibiu de sair do apartamento, então fico brincando de colorir com Joelle. Ontem, ela nos deu aula de matemática.

    Papai continua indo na loja dele porque diz que, se não trouxer dinheiro, vamos morrer de fome.

Alepo, 20 de setembro de 2012

Ontem à noite, mamãe recebeu uma ligação no celular, pois ela ainda tinha um pouco de bateria. Não entendi de cara que era da escola, mas, quando ouvi mamãe gritar de alegria, entendi.

Na semana que vem, vou poder voltar. Por outro lado, sem ônibus escolar. O ônibus não vem até a nossa casa porque o motorista disse que era perigoso demais e que ele não queria arriscar a vida vindo até Jabal Sayid.

Alepo, 27 de setembro de 2012

Era o dia de volta às aulas. Papai veio comigo no táxi que mamãe conseguiu encontrar para ir me buscar. Ontem ela me disse que eu não iria para a escola Wouroud, a minha, mas para uma nova: a escola Inayê, bem perto da igreja de São Jorge, no bairro de Sulaymaniyah, no centro da cidade. Ela fica a dois quilômetros. A pé, segundo papai, a gente gastaria uma meia hora.

O motorista do táxi era um moço da idade de papai, com bigodes grandes. Ele tinha pendurado um rosário no retrovisor e um versículo do Alcorão. Ele sabia que era meu primeiro dia de aula, então me perguntou se eu estava contente. Respondi que sim e ele abriu um grande sorriso.

Passamos pelas barreiras dos curdos para sair. Eles tinham bloqueado as ruas com carros, grandes sacos cheios de pedras, e até mesmo móveis. Eles carregavam armas. Papai abaixou o vidro da janela e um dos homens apertou a mão dele. Um pouco mais adiante, tinha outra barreira, mas depois nós chegamos.

Assim que vi Judi, com seus cabelos longos, corri tão rápido quanto pude até ela e a abracei. Todas as crianças estavam alegres.

Na sala de aula, reencontrei quase todo mundo. Ainda assim faltavam cinco alunos, que os pais não puderam trazer, pois era perigoso demais.

A dona Josefina nos mandou para nossos lugares. Ela fez a chamada. Em seguida, ela disse: "Os acontecimentos estão longe, eles não chegaram até a escola". Mas ela nos explicou mesmo assim que, se a gente ouvisse um "bum!" bem grande, tinha que se levantar e ir em ordem para o subsolo da escola.

Na cantina, Judi disse que se estamos em Inayê, é porque teve bombardeios demais ao redor da praça da nossa antiga escola. Ela também contou que um míssil tinha caído bem em frente à entrada, em frente à igreja, e tinha matado cinco crianças. Eram crianças do bairro que estavam brincando. Agora, tem um buraco enorme em frente ao portão de entrada. Foi o pai dela quem disse.

Alepo, 28 de setembro de 2012

Hoje de manhã, os tiros nos acordaram. No bairro, todo mundo foi para as janelas e varandas para ver o que estava acontecendo.

Depois os vizinhos nos disseram que as pessoas da revolução tinham entrado em Jabal Sayid, na fronteira do bairro vizinho, Bustan al-Basha. Mamãe não pôde ir trabalhar. Papai também não.

Teve uma hora em que ouvimos vários tiros. Papai disse que o Exército estava expulsando as pessoas da revolução. Depois ouvimos uns "bum!" bem grande no final da rua, perto das escolas onde ficavam as pessoas desalojadas.

Bombas teriam caído perto deles e haveria vários mortos. Fiquei com medo por Haidar e a irmã dele. Rezei para que não tivesse acontecido nada de mal com eles.

Alepo, 1º de outubro de 2012

Joelle acabou de dormir no colo de mamãe. Ela chorou o dia inteiro. Eu seguro minhas lágrimas desde essa manhã.

Papai e mamãe tomavam café na varanda quando um barulho enorme ressoou a alguns metros de nós. As xícaras caíram no chão, e ficamos paralisados como estátuas.

Ficamos com tanto medo que não conseguíamos falar, nem gritar. Em seguida, depois de alguns segundos, saímos agitados feito formigas quando alguém pisa no formigueiro. Mamãe me pegou pela manga da camisa, e corremos para dentro.

Assim que entramos na sala, houve uma segunda explosão. Dessa vez foi ainda mais perto de nós, tão perto que um pedaço de concreto veio cair no meu pé. A sala se encheu de poeira, e eu fiquei com os olhos fechados. Um cheiro esquisito entrou pelo meu nariz. Um cheiro que eu não conhecia, um pouco como metal, chumbo — eu ia aprender que era o cheiro de pólvora. Mamãe gritou: "Coloque a mão na frente do nariz e da boca, não engula a poeira!".

Papai disse: "É um morteiro que caiu no prédio ao lado". Mamãe segurou minha mão ainda mais forte e nós não nos mexemos. Joelle se meteu entre as pernas de mamãe.

Ao final de alguns segundos, gritos começaram a soar por todo o edifício, depois por toda a rua. As pessoas perguntavam de onde vinha aquilo, se estava tudo bem, se alguém precisava de ajuda.
   Na varanda de frente para a nossa casa, apareceu o rosto da vizinha. Ela gritou, olhando embaixo na rua: "Meu Deus! Meu Deus! É a loja de Abu Jabbas...". Ela não teve tempo de terminar a frase, pois duas outras bombas caíram sobre as varandas do edifício bem ao lado do nosso.

Também não gritei dessa vez. Comecei a pensar na missa que estávamos perdendo. Só pensava nisso. Entendi que mamãe pensava na mesma coisa quando vi seus lábios se mexendo para recitar alguma prece.
   Finalmente, papai tirou cadeiras do apartamento e as colocou ao redor do fosso da escada. E nos instalamos ali com todas as pessoas do prédio.

Algumas horas mais tarde, depois do almoço, alguém gritou: "Um avião! Um avião!". E a gente começou a correr até uma das janelas para olhar. Um avião estava passando bem baixo no céu. Ele sobrevoou o bairro e deixou cair alguma coisa. Vi uma mancha preta. Alguns segundos mais tarde, essa coisa bateu em algo, fazendo um estrondo enorme.

    Papai ligou a televisão, eles diziam que estavam bombardeando Bustan al-Basha. Antes, achava que os aviões só serviam para viagens, para ir para longe, para levar as pessoas em visitas a países do mundo inteiro. Nunca tinha pensado que aquilo podia transportar bombas.

Alepo, 2 de outubro de 2012

Hoje aconteceu uma coisa meio bizarra na escola. A gente estava brincando tranquilamente em um canto do pátio quando vimos um grupo grande se formar do outro lado. No início, a gente não queria ir lá, mas uma colega veio nos buscar, dizendo que a gente não podia perder aquilo.

Abu estava no meio do grande círculo. Ele tinha carregado uns pequenos pedaços de pedra, ou de terra, não conseguia enxergar muito bem. Ele dizia: "Isso aqui é um morteiro, é com isso que as pessoas da revolução bombardeiam Alepo. Já o governo usa explosivos". Em seguida, ele perguntou aos alunos que o observavam se eles sabiam o que era uma AK-47. Gevorg levantou a mão dizendo que ele tinha visto uma na televisão e que eram armas russas.

Depois, Abu perguntou se alguém conhecia a diferença entre os canhões e as DShK.

Ninguém levantou a mão. Então ele disse que as DShK eram as piores de todas as armas. Ele explicou que eram grandes metralhadoras russas que atiravam nos aviões enquanto eles voavam bem alto no céu.

Para mim e para Judi, não é nada interessante falar de armas. Então a gente foi embora. Mas todo mundo só falava disso o dia inteiro. Assim que se ouvia algum barulho ao longe, barulho de bombas ou de tiros, alguém dizia: "ak-47 ou dshk?".

Alepo, 3 de outubro de 2012

A gente estava no meio de uma aula de matemática quando um barulho de bomba ecoou longe da gente. A professora deu um pulo, mas em seguida ela nem se mexeu.

Um pouquinho depois, outra bomba caiu, mais perto. Dessa vez, a professora pediu que nos levantássemos e ficássemos em fila no corredor. Ela nos guiou para o subsolo.

Depois, ela nos pediu para nos sentarmos no chão e para colocar a cabeça entre os joelhos. Abu não parava de rir com Gevorg e de tentar saber o que é que estava caindo sobre Alepo. Para mim, isso não dava vontade de rir, mesmo eu dizendo para mim mesma que era a maneira deles de se fazerem de adultos.

Alepo, 4 de outubro de 2012

Passamos o dia no subsolo. Não tivemos tempo de pegar nossas coisas porque as bombas caíam. A professora nos mandou cantar músicas e nós não nos mexemos.

Às quatro da tarde, papai veio me buscar. Como sempre desde que vim para a minha escola nova, voltamos a pé para casa. Mas ele parecia mais preocupado do que o normal.

Ele pegou minha mão, que apertou bem forte, me dizendo que, hoje, a gente precisava andar rápido e que a gente ia pegar um caminho diferente do que estávamos acostumados.

Na rua, não tinha ninguém. Como eu tossi duas vezes bem forte, papai tirou seu lenço vermelho com desenhinhos brancos e colocou em volta da minha boca.

Caminhamos até a praça Sihasieh. Ali, papai começou a dar passos largos que eu tinha muita dificuldade em acompanhar. Ainda assim, tive tempo de ver que o prédio no fim da praça estava cercado por contêineres que bloqueavam a rua em volta.

Ele virou à direita em uma ruazinha e nós passamos na frente de uma praça que eu não conhecia. Ali, tinha um pouco mais de gente. Muitos homens andavam em grupo com armas que eles carregavam a tiracolo. Havia ainda mais poeira, tanto que eu ficava com um olho fechado. Virei a cabeça para a direita, em direção à praça.

Sobre a grama, pequenas placas brancas retangulares saltavam à vista. Era bonito, mas eu nunca tinha visto aquilo. Papai puxou a minha mão para que eu continuasse andando, então lhe perguntei:

"Papai, é o que, aquilo tudo?"

"São túmulos."

"Túmulos, túmulos como para pessoas mortas?"

"Sim, minha querida."

Minha barriga se retorceu subitamente. Como podia ter gente morta enterrada na praça? Quis perguntar se era por causa das bombas e dos tiros, mas papai continuou a andar rápido. Depois, após algum tempo, ele me colocou sobre os ombros para poder ir mais rápido e eu fechei os olhos.

Em casa, não tinha energia elétrica, mas, graças ao forno do vizinho, mamãe tinha preparado arroz e molho de tomate com Lina. Não tinha carne, porque o açougueiro, mesmo quando estava aberto, ficou caro demais, mas de qualquer forma estava bom.

Alepo, 5 de outubro de 2012

Estou cansada porque não consigo dormir. Não paro de pensar nos pequenos corpos na praça. Rezo para que Deus os leve com Ele ao Paraíso.

Ontem e hoje, nós fomos pelo menos cinco vezes para o subsolo da escola. Abu parou de fazer piadas porque a professora ralhou com ele. Agora nós ficamos bem quietos.

Alepo, 10 de outubro de 2012

Passamos o dia inteiro no subsolo. As bombas não pararam de cair e de fazer as paredes da escola tremerem. Em um dado momento, até acreditei que uma delas tinha caído em cima de nós.

Na hora da saída, a professora foi na frente, para ver se a gente podia ir atrás dela. Ela nos fez ficar em fila e esperamos no interior da escola até que os pais aparecessem nas grades do portão. Quando viu papai, ela disse que eu podia ir.

Muitos prédios estavam destruídos. Havia fachadas com buracos enormes e varandas inteiras que estavam pelo chão. Não tinha muita gente nas ruas e as poucas pessoas que a gente encontrava andavam rápido. Uma hora, na altura da grande mesquita Tawhid, como papai quase tropeçou em uma pedra grande no chão, ele me fez descer das suas costas e pegou minha mão.

Depois, a gente quase correu em direção à catedral. De repente, ouvi tiros que vinham dos prédios à direita. Eles estavam bem próximos de nós e isso me deixou em pânico. Larguei a mão de papai imediatamente e me agarrei nas pernas dele.

Depois de ter chegado na catedral, papai me pediu para correr até o grande campo de futebol de Rihayat al-Shabab. Na frente dele, uma dezena de homens carregava armas. "Abaixe a cabeça", disse papai. Mais tarde, ele me explicou que o estádio tinha virado um quartel e que as pessoas da revolução não estavam de acordo com aquilo.

Daí eu voltei a subir nas costas de papai. E não falei mais nada. Não olhei mais nada também, eu tinha medo demais. Em casa, mamãe tinha colocado velas por todo canto e comemos pão que o vizinho de cima tinha preparado com azeite. Mamãe disse que ela não tinha conseguido sair para comprar alguma outra coisa, mas que não tinha problema, porque a gente adorava piquenique.

Alepo, 15 de outubro de 2012

Hoje de manhã, a professora nos esperava na frente da escola com uma velha senhora ao lado dela. Quando entramos na sala de aula, ela nos disse que tinha que deixar a escola e que a dona Josefa — a velha senhora — ia substituí-la.

Abu levantou a mão e perguntou por que ela ia nos deixar. Ela respondeu, simplesmente, que o bairro em que ela vivia tinha se tornado perigoso demais e que ela tinha que se mudar.

A dona Josefa não é muito bonita. Ela tem dentes que saem da boca como se quisessem fugir. Dentes grandes... A única coisa que ela tem de bonito são as mãos, com unhas pintadas.

Alepo, 19 de outubro de 2012

Voltando da escola, depois da igreja ortodoxa, papai me puxou entre os edifícios. A rua estava vazia. A gente ouvia os tiros e algumas vozes, mas eu não via ninguém. Ali, ele me disse, sussurrando, nós tínhamos que correr ainda mais rápido porque estava perigoso. Eu fiz que sim com a cabeça.

Papai disse que a gente precisava se encolher bem para se proteger. Depois, ele fez um sinal da cruz, dizendo: "Que Deus nos proteja". Eu fiz que nem ele. E corremos feito malucos para atravessar a ponte da ferrovia. Não olhei nem para a direita nem para a esquerda, e fiquei com a cabeça abaixada.

Depois, tudo voltou ao normal. Nós passamos pelos dois cemitérios de costume, o francês e o grego, onde meu avô está enterrado. Fomos parados na barreira dos curdos. Eles nos reconheceram e acenaram para a gente, e chegamos em casa.

Alepo, 27 de outubro de 2012

Parecia que Deus tinha ouvido minhas preces, porque a eletricidade voltou, a água também, havia sete dias. Os bombardeios cessaram; os tiros, não, mas eles pareciam bem distantes.

Agora há pouco, mamãe me deu dinheiro para ir até o mercadinho, mas só consegui comprar quatro chocolates pequenos. Os preços dobraram e, ainda que Abu Yasser me deixasse pechinchar, ainda seria muito caro.

Mamãe nos deixou brincar na rua. Está começando a fazer frio, então colocamos nossos casacos, que ficam normalmente arrumados no armário do corredor. Fuad tirou sua sacola de bolinhas de gude do bolso e preparamos terreno sobre o asfalto, já que não tinha quase nenhum carro passando.

Ganhei dois boticões e uma ágata — as bolinhas de gude que parecem olhos de gato.

Alepo, 3 de novembro de 2012

Essa manhã, tem ainda mais pessoas desalojadas que chegaram pelo bairro. Quando saí de casa à tarde com papai e mamãe, eles estavam vendendo bolos e pacotes de cigarros. Mamãe disse que eles estavam fugindo dos bairros em que as pessoas da revolução entraram. Eles não têm mais casa.

Durante o jantar, perguntei para papai se nós também tínhamos que ir embora. Ele disse que achava que não, mas que a gente ia fazer o que fosse preciso para se proteger.

Alepo, 4 de novembro de 2012

Essa manhã nós fomos à missa. Todos os cristãos do bairro foram. Havia centenas, bem-vestidos, ainda que, como diz mamãe, ninguém mais ligue para aparências.
Na parede tinha desenhos da Virgem e de Jesus. E também estava cheio de velas que iluminavam o lugar. Tudo doce, tranquilo, calmo. Como a igreja fica no térreo, a gente não ouve barulho de metralhadoras nem "bum".

Alepo, 16 de novembro de 2012

É o dia mais triste da minha vida. Quando voltei da escola agora há pouco, Jedo e Tita estavam em casa. Mamãe estava no sofá. Ela estava com os olhos vermelhos.

Ela se levantou e me mandou ir até ela. Eu fui andando bem devagar, pois sentia que tinha acontecido alguma coisa séria e eu preferia nem saber. Ela me pegou nos braços e começou a chorar. Depois, ela me fez sentar ao lado dela no sofá. Tita fez um carinho no meu joelho. Jedo tinha o olhar vazio.

Mamãe me disse que tinha acontecido uma coisa muito séria com o tio Fadi. Ele levou um tiro na cabeça e não pode mais andar nem se mexer. Ela me disse que os médicos não tinham conseguido tirar a bala que está no cérebro dele e que ia ficar lá dentro para sempre.

Alepo, 10 de dezembro de 2012

Está chegando o Natal. Antes, a gente colocava casacões, gorros de frio e as luvas, e ia ao *suque*. Íamos comprar guirlandas, sabonetes para presente, joias.
    Esse ano, não vamos sair. Então a gente está ensaiando os cânticos que cantaremos na igreja. Mamãe disse que isso nos deixaria de bom humor. Mas Joelle, que estava segurando a mão de mamãe, não gostou nada. Ela queria sair. Ela não gosta de ficar trancada em casa. Ela precisa se movimentar, correr.
    Ela começou a dançar, a se fazer de palhaça, para nos fazer rir.

Alepo, 12 de dezembro de 2012

Hoje não tem água, nem energia elétrica, nadinha. Os terroristas bloquearam todas as estradas que levam alimentos até Alepo. Papai diz que a central elétrica foi bombardeada e, por isso, vamos ficar no escuro.
 Mamãe acendeu três velas. É bonito, mas está frio. Agora há pouco, a gente ficou desenhando sobre a mesa da cozinha. Como está fazendo frio, mamãe me pediu para colocar meu casaco. Não tirei ele o dia inteiro. Vou até dormir com ele hoje à noite. Joelle não diz nada, ela nos observa com os olhos bem abertos. Eu a chamo de minha palhacinha.
 Mamãe protege seu telefone celular para que a carga da bateria não acabe. O frio faz as baterias descarregarem mais rápido.

Alepo, 20 de dezembro de 2012

Nós estamos com muito frio. Fico com minhas luvas e meu gorro dentro de casa e, quando falo, uma fumaça sai da minha boca.

Hoje recebemos nossa primeira cesta de alimentos. Foi ótimo, porque tem carne e a gente vai poder preparar a ceia de Natal. Faz muito tempo que a gente não come carne. Vamos assá-la na lareira, graças a papai, que trouxe um pouco de óleo combustível.

Agora há pouco, mamãe nos autorizou a sair, Joelle e eu. Como tudo está gelado lá fora, nos divertimos escorregando nas placas de água na rua.

Alepo, 21 de dezembro de 2012

O vizinho não tem mais farinha para fazer pão. A padaria, quando fica aberta, é surpreendida por pessoas famintas do bairro inteiro.

Agora há pouco, o sobrinho de Johnny achou a solução. Como ele mora perto de uma padaria, às duas da manhã, quando o pão fica pronto, ele liga para seu tio Johnny, que avisa o prédio inteiro. Os homens correm logo para fazer fila na frente da padaria aberta.

Agora, o pão é racionado. Nós só temos direito a dois quilos de pão por vez.

Alepo, 22 de dezembro de 2012

Já faz alguns dias que atiradores disparam nas pessoas. Muita gente foi ferida na rua principal de Jabal.

O telefone tocou agora há pouco. Era Johnny, dizendo para papai que eles tinham encontrado um dos atiradores. Ele disse também que era um checheno e que, com ele, havia comida e munição para se manter por muito tempo. Isso queria dizer que ele estava reabastecido. Papai e Johnny acham que ele vinha de Bustan al-Basha.

Alepo, 26 de dezembro de 2012

Hoje é meu aniversário. Amanhã vou fazer sete anos, pois nasci bem tarde da noite.

Tita ligou para o celular de mamãe, que ela recarregou no trabalho. Ela me desejou feliz aniversário e disse que ia me dar presentes na igreja, na semana que vem. Papai e mamãe me deram um gorro para o inverno. Ele é cor-de-rosa.

Além disso, o irmão Georges disse para mamãe que eu ia poder fazer minha primeira comunhão. Estou feliz demais.

Alepo, 15 de janeiro de 2013

Dona Josefa, a nova professora, mandou chamar nossos pais para que eles viessem nos buscar mais cedo na escola, pois tudo tinha ficado perigoso demais. Mas, como papai e mamãe estavam no trabalho, eu fui para o lar dos maristas. Irmão Georges não estava lá, ele tinha ido buscar a sobrinha dele na faculdade.
   À noite, quando voltou, ele contou que sua sobrinha estava cuidando dos alunos quando um míssil caiu no telhado. Tinha sido horrível, havia muitos mortos e um prédio tinha pegado fogo.

Alepo, 30 de janeiro de 2013

Quando a gente estava chegando no bairro, papai apertou minha mão mais forte. Depois, quando a gente ia passar pelo cemitério, ele me disse: "Quando eu mandar, você vai correr, tudo bem, Myriam?". Eu fiz que sim com a cabeça. Depois, ele me explicou que tinha gente com fuzis escondida nos prédios e que atiravam em quem passava. Sei que ele estava dizendo a verdade: por todo o chão, havia grandes pedaços de ferro bem pontudos ou lascados.

Na mesma hora, apertei as alças da minha mochila bem forte. Dizia a mim mesma que, se ela ficasse bem presa nas minhas costas, eu estaria protegida das balas e das explosões. Alguns metros adiante, ele disse que era hora, e nós começamos a correr o mais rápido que podíamos.

Alepo, 1º de fevereiro de 2013

Quando voltei da escola, mamãe estava ao telefone com Janete, uma tia que mora bem ao lado da nossa casa. Quando eu vi a cara que ela estava fazendo, percebi imediatamente que alguma coisa bem séria tinha acontecido.
Ela esperou que papai voltasse do trabalho para contar. Primo Gevorg, um dos primos mais novos de mamãe, tinha sido raptado enquanto voltava para casa usando uniforme do serviço militar.
"Eles eram três caminhando pelo bairro de uniforme, com armas, para vir ver a família. Foram os curdos das barreiras que os pararam. Os dois amigos dele ficaram feridos e foram parar no hospital, mas prenderam o primo Gevorg e levaram-no não sei pra onde." Daí, papai fez um sinal para mamãe se calar. Então mamãe me pediu para eu ir fazer meus deveres de casa.
A gente não falou mais disso durante o jantar, porém, antes de ir dormir, mamãe acendeu uma vela e uma pequena lâmpada a óleo perto da estátua da Virgem. Diante do altar, fizemos uma prece para que o primo Gevorg fosse libertado rápido.

Alepo, 13 de fevereiro de 2013

Está fazendo frio. Estou enrolada em um cantinho do sofá, com a coberta que minha avó costurou para mim. Parece até uma cabana. Às vezes, Joelle vem ficar comigo embaixo do cobertor; em duas, fica mais quente.
    Essa noite, dormiremos todos juntos, uns juntos com os outros, para nos mantermos quentinhos.

Alepo, 14 de fevereiro de 2013

Por causa dos acontecimentos, mamãe disse que não vou fazer minha primeira comunhão em abril.

Alepo, 21 de fevereiro de 2013

Mamãe me levou com ela para fora de casa. Ela queria que a gente fosse ver Haidar e a mãe dele. Na rua, tinha neve por todo canto, mas quase ninguém. No fim dela, a gente continuava a ver um monte de carros e móveis que os curdos tinham empilhado — a barreira.

Eu virei a cabeça para a padaria, mas a cortina estava fechada. A neve tinha quase enferrujado o cadeado dela e tinha um monte de coisas escritas nele. O costureiro também estava com as portas fechadas. E o café Ammouri, e até mesmo o mercadinho de Abu Yasser.

Contei: antes de chegar na escola onde Haidar estava abrigado, passamos por sete pessoas. As duas primeiras eram moços que carregavam uma arma a tiracolo. A terceira era uma senhora vestida de preto. A quarta e a quinta, um pai e seu filho que tentavam correr na neve. A sexta era uma pessoa desalojada do parque que veio nos perguntar se a gente tinha alguma coisa para comer. A sétima era outra senhora vestida de preto.

Haidar e a mãe dele ainda estavam na escola, que não tinha voltado a funcionar. Eles se esquentavam na frente de uma lata cheia de tocos de madeira que estavam queimando.

Alepo, 9 de março de 2013

Hoje de manhã, pela varanda, vi muitos carros estacionados na frente dos edifícios. Ainda era cedo, no entanto, as pessoas estavam enchendo os porta-malas, como se estivessem saindo de férias.

Então, quando papai se levantou e veio me acompanhar, perguntei por que as pessoas estavam indo embora. Papai não respondeu, mas ele não parecia feliz. Ele se contentou em acompanhar com os olhos os carros que se afastavam.

Mamãe também se levantou e veio observar com a gente o que estava acontecendo lá fora. Ela perguntou a papai o que era, ele respondeu que os vizinhos que conseguiam, estavam indo embora. Mamãe disse que não era verdade, que as pessoas não estavam indo embora, ela disse que não era possível deixar Alepo e a casa deles daquele jeito, de um dia para o outro. Bondes cheios de curdos estariam partindo e voltando para seus vilarejos, na parte norte. Mamãe não estava acreditando naquilo. Ela disse que devia ser só um boato.

Papai ficou um pouco irritado e disse: "Francamente! Abra os olhos! Os Mardel já foram embora. Ninguém mais os viu, já faz três dias. Johnny os viu partindo cheios de sacolas no teto do carro".

Alepo, 10 de março de 2013

Preparamos a festa de Páscoa. Mamãe voltou ontem com uma cesta de alimentos doada pelos irmãos maristas. Está cheia de coisa boa dentro, até mesmo carne, mas, principalmente, tem roupas novas bem novinhas. Eu as estendi sobre a cama de mamãe. Tem vestidos brancos e amarelos. Um monte de camisas e camisetas para o verão.

Mamãe foi para a cozinha e está fazendo bolos para a festa. A gente vai fazer uns *zinkliê* e um pouco de *karabij*. Os *zinkliê* são pãezinhos preparados com uma massa especial e recheados com espinafre. Após serem bem misturados, fritamos no óleo até que fiquem bem dourados.

Para os *karabij*, a gente mistura sêmola com manteiga e faz umas bolas, depois coloca nozes moídas ou pistaches no meio. Em seguida, colocamos tudo no forno e polvilhamos canela e açúcar por cima.

Alepo, 24 de março de 2013

Hoje, na igreja, preparamos a festa de Páscoa como fazemos todos os anos, como se nada estivesse acontecendo. Desenhamos em uma folha grande um caminho que simboliza o da quaresma, com pequenas pegadas que iam uma após a outra com nossos nomes em cima, de todas as cores. Coloquei o nome de Joelle e ela coloriu.

Alepo, 26 de março de 2013

Ontem foi o aniversário de Joelle. Ela fez seis anos. A gente gostaria de ter festejado, mas não tinha luz elétrica. E, depois, está cada vez mais difícil se animar.

Há dois dias, foguetes estão caindo o dia inteiro. Soa um pouco como se o barulho corresse pelas calçadas para subir no meu estômago.

Alepo, 27 de março de 2013

Papai e mamãe estão muito nervosos. Todos os adultos do edifício também. Ontem, ouvi Lina dizer para mamãe que era necessário se preparar. Eu estava na cozinha, elas conversavam no vão da porta. Quando mamãe fechou, perguntei: "O que está acontecendo agora, a gente vai ter que ir embora?". Ela respondeu que não sabia, mas que eu tinha que arrumar meus brinquedos.

Quando me levantei hoje de manhã, então, coloquei todas as minhas bonecas em uma mala.

Alepo, 28 de março de 2013

Hoje é Quinta-feira Santa. Mas, do lado de fora, os morteiros não param de cair. Ressoam tanto contra os vidros do apartamento, que fomos todos para o vão da escada.

Além disso, a energia elétrica voltou. Joelle e eu adormecemos na frente do aquecedor elétrico do banheiro, que foi colocado na sala.

Alepo, 29 de março de 2013

Ontem à noite, acordei de madrugada. Mamãe não estava dormindo. Tinha alguma coisa do lado de fora, um silêncio estranho. Em seguida, de repente, a eletricidade que a gente tinha recuperado acabou. E nós ouvimos gritos. Aqueles que meus pais temiam tanto há alguns dias: "*Allahu akbar!*".
Mamãe disse: "Josef, Josef, eles estão aqui!". Minha barriga se contorceu. Ainda ouvi minha mãe, dizendo: "Eles estão aqui, eles estão aqui!". O único lugar em que eu me sentia segura era nos braços deles.
Em um dado momento, papai foi na varanda, e eu fiquei junto à janela, atrás dos vidros. E vi, eu os vi bem embaixo da nossa casa. Havia vários grupos com máscaras pretas e faixas brancas na testa. Eles seguravam uma bandeira que se parecia com a da Síria, mas com três estrelas. Entre todos esses homens, notei um que parecia ainda mais terrível que os outros. Ele usava um grande vestido preto e uma barba bem longa.
Eu o vi bater no cadeado de uma loja com um martelo que estava segurando. Abafei um grito; não podia deixar que eles nos ouvissem. Enquanto mantinha a mão na frente da boca para não gritar, eu o vi mandar

os outros irem procurar "a marreta" e trazer para ele. Em seguida, ele começou a quebrar todas as grades de ferro das lojas.

O barulho de metal começou a ressoar por todo canto no silêncio da noite. O metal e as vozes deles. E além disso, logo depois, o vidro quebrado sobre o qual eles pisavam. Fazia um "cling, cling" e os alarmes dos carros começaram a tocar. Quando perguntei para mamãe, sussurrando, por que eles tocavam nos carros, ela me disse, hesitando: "Eles devem estar tentando roubá-los".

Joelle não falou nada. Ela ficou sentada no sofá da sala com as mãozinhas sobre as coxas, como se a professora tivesse brigado com ela e ela devesse se encolher o máximo que pudesse para esquecer a besteira que fez.

Uma hora, a gente ouviu as portas dos apartamentos do prédio baterem. A gente deu um pulo, mamãe parou de respirar e recomeçou somente quando ouvimos que eram os vizinhos que se agitavam.

Alguém bateu na porta, papai foi abrir. Eu só ouvi que o vizinho do andar dizia: "Não tem luta. Foram células inativas que venderam o bairro. Eles os deixaram entrar. Foram os curdos que deixaram eles entrar". Papai tentou ligar a televisão, mas a tela continuou preta.

A gente ficou escondido durante horas, atentos ao menor barulho que viesse de fora. Até que o sol começasse a nascer. Aí, papai disse que não tinha mais cigarro. E começou a andar para um lado e para o outro. Ele sabia que não podia descer.

Uma vizinha tentou ligar para a família dela, mas seu telefone tinha sido cortado. Ela não tinha mais bateria. Mamãe também tentou contatar os irmãos dela, mas não teve tempo. Rajadas foram ouvidas do lado de fora.

Papai disse: "É o Exército que está chegando!".

No sol da manhã, observamos os combates da janela. Tiros vinham de todo lado. Homens de verde chegaram e logo não tinha mais homens de preto. Lina correu para o nosso apartamento, dizendo: "Eles debandaram! Eles debandaram!". Depois, os vizinhos desceram com pão para distribuir para os soldados e agradecer a eles.

Alepo, mesmo dia

A animação voltou a baixar bem rápido. Os tiros logo recomeçaram. Parece que tem um estrondo que não para mais. Ele vem por detrás dos edifícios perto da nossa casa.

    Estamos de novo no vão da escada. Joelle começou a chorar enquanto os papais não paravam de gritar para todas as crianças do prédio, para que se calassem, para que sussurrassem.

    Mamãe, para nos acalmar, deu folhas e lápis para a gente.

Alepo, ainda no mesmo dia

Ainda estamos no vão da escada. A noite começa a cair e os tiros cessaram.

    Agora tem um silêncio enorme na rua inteira. Ninguém fala mais nada.

Alepo, algumas horas mais tarde

Finalmente, mamãe colocou os colchões que estavam ao redor do vão da escada de volta na sala. Estou agachada em um canto do apartamento. Seguro minha boneca bem forte contra mim. Joelle não chora mais e ninguém fala. A gente acendeu algumas velas, mas não muitas, porque mamãe tem medo que vejam a gente do lado de fora.

Alepo, 30 de março de 2013

Aconteceu, finalmente, essa manhã. Alguém bateu na porta, primeiro de mansinho, logo depois a golpes bem fortes. Ouvi mamãe se levantar de repente. Ela se aproximou da porta, mas hesitou em abrir, até que uma voz se fez entender do outro lado: "É Tony! Abra para mim!". Mamãe abriu e ele disse que era preciso partir imediatamente e abandonar o edifício.

Mamãe se aproximou de mim. Ela me disse, baixinho: "Myriam, acorde". Papai ainda dormia com Joelle, com todas as bonecas dela. Ela os acordou. Depois nos pediu para arrumarmos nossas coisas.

Então, fui ao meu quarto. Coloquei todos os livros da escola em minha mochila, uma bela bolsa rosa e branca com a Hello Kitty que mamãe tinha comprado há dois anos para a volta às aulas. Nós nos despedimos de todas as nossas bonecas, que juntamos e pusemos em uma grande mala aberta. Demos beijinhos nelas todas, dizendo-lhes que a gente esperava revê-las logo e que a gente não ia deixá-las muito tempo sozinhas.

"Vista-se, rápido!", mandou mamãe. Enfiei o que tinha de melhor. Alpargatas brancas, uma calça cor-de-rosa e minha blusa amarela. Coloquei dois casacos, um em cima do outro, caso fizesse frio. E coloquei minha mochila nas minhas costas. Com todos os livros, estava tão pesada que eu tinha a impressão de carregar uma caixa d'água.

Quando estávamos todos prontos, começamos a andar. No vão da escada, todo mundo gritava. Os vizinhos de cima já estavam lá embaixo. Só Abu Salem ainda estava descendo. Papai fechou a casa com a chave. Ele fez um sinal da cruz na porta e saímos correndo escada abaixo.

Ao passar pela porta grande do edifício, já era dia. À nossa frente, uma multidão imensa enchia a rua. Como se todas as famílias de Jabal Sayid estivessem saindo de férias. Nós éramos centenas com nossas bolsas e malas de rodinhas.

Começamos a caminhar e não pude deixar de pensar nos carneiros de *Shaun, o Carneiro*[18] com o rebanho. Atrás de nós, todo mundo estava em silêncio. Ninguém falava.

No edifício em frente ao nosso, tinha uns vizinhos na varanda. Eles nos observavam. Teve um

---

18   Série de TV infantil em *stop-motion* e massa de modelar.

momento em que vi um deles com um fuzil na mão. Apertei a mão de mamãe, senti que ela tinha visto também. Papai disse um palavrão para o homem do fuzil, dizendo que eles tinham nos traído. Entendi que ele fazia parte desses homens de preto.

Dos dois lados da rua, eles seguravam suas metralhadoras e tinham barbas longas. Tinha o gigante do vestido preto que eu tinha visto da varanda. Ele ainda carregava seu martelo enorme nas mãos e muitos cartuchos de DShK pendurados em volta do pescoço. Alguns dos homens tinham uma faixa branca na testa.

Atravessamos o bairro. Pude ver o quanto ele estava destruído. As grades metálicas das lojas estavam todas rasgadas ao meio.

Caminhamos até a catedral de São Elias, onde o irmão Georges esperava com Bajahad, um carro e outros adultos que tentavam orientar as pessoas para ficarem perto de suas famílias. Corri para abraçá-lo.

Depois de nos abraçarmos bem forte, o irmão Georges nos propôs que fôssemos para o lar dos maristas e nos refugiássemos lá. Papai disse que ele queria ir para a casa de Jedo e Tita, nossos avós. Eles deviam estar preocupados.

Mamãe acha que é melhor ir para o lar dos maristas. Ela disse que ia ser preciso nos separar. Mas eu não quero deixar papai. Tenho medo de não vê-lo nunca mais. Nem sei ao certo quando vou rever Judi e minhas bonecas.

Ele nos abraçou. E disse que tudo vai ficar bem. Mamãe também chora. Ele repete que nós vamos nos rever dentro de alguns dias.

O irmão Georges nos mandou subir no carro, nos deixou no lar dos maristas e nos disse que ele tem que voltar a fazer o trajeto e trazer outras famílias.

Alepo, 31 de março de 2013

No lar dos maristas azuis, não somos os únicos. Está cheio de famílias do bairro e outras ainda estão chegando. Tem gente para todo lado. Reencontrei Fuad e Charbel, os vizinhos, e também Abu Salem e suas filhas. Com mamãe e Joelle, dormimos juntas em uma cama grande.

Hoje de manhã é Páscoa e os escoteiros vão preparar uma festa. Eles arrumaram mesas grandes na sala. Tem um monte de coisa para comer. Churrasco, *shish taouk*, que é frango marinado, grelhado na brasa. Tem também quibe, que é carne moída e cheia de outras coisas. Fazia meses que não comia tão bem.

No entanto, apesar de todos os esforços dos escoteiros, é o dia mais triste da minha vida. Penso nas minhas bonecas, no apartamento, em papai. Mamãe, Joelle e eu não podemos festejar. As outras pessoas de Jabal Sayid também não, aliás.

Os escoteiros tentam nos distrair colocando música. Tem até cerveja e áraque[19] para os adultos que quiserem. Outras pessoas vieram dos bairros vizinhos

---

19   Bebida alcoólica destilada da região da Síria até a Palestina, com sabor de anis.

para festejar a Páscoa. Entendo que eles tentam ser gentis, mas todo mundo está tão cansado. Mamãe tenta sorrir, mas ela está abatida.

Alepo, mesmo dia, algumas horas mais tarde

Agora há pouco, enquanto preparavam chá e café, grandes carros brancos entraram no pátio. Pela janela, todas as crianças observavam.

Os carros tinham antenas e bandeiras com uma cruz vermelha e as letras bem grandes "UN" no capô.[20]

Assim que as avistou, o irmão Georges se levantou, nada contente. As pessoas dos carros chegaram no meio do barulho. Foi aí que o irmão Georges se irritou. Não entendi tudo, mas ele dizia: "Vocês estavam onde ontem, quando todas essas famílias tiveram que deixar seus apartamentos? Onde estava a ONU? Aqui, nós temos 150 famílias para alimentar. Vocês não ligam para nada!".

Depois, ele se distanciou deles e eles ficaram de pé, um pouco constrangidos. Irmão Georges devia estar mesmo com raiva, pois ele nem os convidou para se sentarem e beberem uma xícara de chá.

---

[20] Sigla em inglês para United Nations, ou Organização das Nações Unidas (ONU).

Alepo, 5 de abril de 2013

Um vento quente se levantou essa manhã. Era um vento do deserto. Aqui, a gente o chama de *khamsin*, o vento das cinquenta horas. Se durante cinquenta horas faz calor, então isso quer dizer que teremos ou chuva ou uma tempestade de areia. Isso também quer dizer que é o fim do frio e do inverno.

O lar dos maristas azuis é o reino das crianças. Elas estão por todo lado e eu fiz novos amigos. No corredor, colchões foram deixados para que todo mundo pudesse dormir.

Todas as manhãs, às oito, a gente acorda e toma café. Depois a gente brinca, dança, canta. No pátio, tem balanços e gira-gira.

Ontem a televisão chegou. Irmão Georges a comprou depois que todo mundo começou a pedir notícias de Jabal Sayid. Ela é toda plana e preta.

À noite, às oito horas, todo mundo se senta nos tapetes para assistir aos jornais. Na frente da tela, a gente espera as notícias do bairro. No início, todo mundo pensava que ia voltar logo. "É uma questão de horas, uma questão de dias, o Exército está voltando", diziam os adultos. Mas, com o passar do tempo, ninguém mais acredita nisso. Mamãe está ainda mais deprimida.

Então, para esquecer que estão tristes por terem perdido tudo, no pátio, à noite, os adultos dançam com cantos de Alepo ao som do *derbake*, um pequeno tambor.

Alepo, 6 de abril de 2013

Como fez muito calor ontem à noite, a gente ficou brincando do lado de fora com as outras crianças. E quando as mães tinham terminado de lavar a louça do jantar, lá pelas oito, perguntamos a elas se a gente podia dormir sob o céu estrelado. Mamãe disse que sim.

Então, deitados uns ao lado dos outros em colchões, observamos as estrelas na noite. Estava muito escuro. A gente ouvia os bombardeios ao longe, eles ressoavam no chão, e até na minha barriga. Às vezes, pontos vermelhos atravessavam a noite feito foguetes. Charbel disse que eram balas que se iluminavam.

Alepo, 7 de abril de 2013

Hoje, depois do café da manhã, mamãe desapareceu. Eu a procurei na sala grande. Depois no banheiro e nos chuveiros. Por fim, eu a encontrei em uma capelinha que fica no fundo do pátio.
 Quando abri a porta, ela se virou logo para mim. Vi que seus olhos estavam vermelhos. Eu me sentei ao lado dela e a abracei. Depois, perguntei o que é que ela tinha. Ela me disse que estava com saudades de papai e que, como esse lugar lembra o orfanato onde ela ficou quando era pequena, isso a deixava muito triste.

Alepo, 20 de abril de 2013

Está decidido. Vamos nos mudar para a casa de Jedo e Tita. Mamãe e papai vão ficar de novo juntos e nós estaremos todos reunidos. Estou muito contente, pois a escola fica a cinco minutos a pé da casa deles. Não vou ter mais que correr ao longo do cemitério. Mas sinto falta do bairro. E mamãe está triste porque não temos mais nossa casa.

Na casa de Jedo e Tita está tudo bem. Só que sempre tem gente e dormimos na sala.

As bombas continuam a cair. A linha de frente não fica muito longe. Dá até para a gente ouvir muito bem os tiros.

Alepo, 1º de maio de 2013

Na casa de Jedo e Tita, se come melhor do que na nossa casa. O problema é que a gente não se sente à vontade. Mamãe disse que precisamos achar um apartamento novo, porque não podemos ficar aqui.

    Além disso, vou logo mudar de escola, pois há alguns dias umas granadas caíram a dez metros do pátio de recreio.

Alepo, 2 de maio de 2013

Hoje de manhã, a professora, dona Josefa, nos esperava na frente da escola. Ela nos colocou em filas no corredor. Vi que duas das minhas colegas usavam vestidos pretos. Mais tarde, Judi me disse que uma delas tinha perdido o pai em um bombardeio e que o irmão da outra tinha morrido.

Alepo, 10 de maio de 2013

Na escola, a gente ainda ouve tiros. A linha de frente não está muito longe. Quando os tiros ficam muito intensos, a gente não pode nem sair. É uma pena, porque os dias estão começando a ficar ensolarados.

Alepo, 17 de maio de 2013

Hoje a gente passou o dia no subsolo da escola. Descemos na hora do recreio porque obuses[21] e granadas começaram a cair. Quando a gente ouviu o primeiro, as janelas da sala de aula começaram a tremer. A professora nos disse para formar filas, enquanto outras bombas continuavam a cair.

Enquanto a gente se preparava para descer, o grande vidro da janela ao lado da escrivaninha da professora explodiu de repente. Nós todos começamos a gritar, a professora também. O diretor chegou correndo e disse que a gente tinha que descer rápido.

21 Granada explosiva arremessada por boca de fogo própria

Alepo, 1º de julho de 2013

Perdi um pouco de peso desde o último mês, porque não tem muita coisa para comer. Mamãe diz que tenho que comer cereais, então a gente faz trigo quase sempre. É bom, mas tenho fome quando vou deitar. Joelle também.
    Jedo diz que é por causa do bloqueio que não se tem mais nada para comer. Isso quer dizer que a cidade está fechada por homens armados que não deixam nada entrar nem sair.

Alepo, 6 de julho de 2013

Essa noite, o irmão Georges esteve aqui e todo mundo começou a falar do bloqueio. Num certo ponto, o irmão Georges ficou com raiva. Ele disse que era um grande crime deixar milhões de pessoas passarem fome, mas que ninguém fazia nada para nos ajudar.

Ele contou também que, na semana passada, um jovem escoteiro de quatorze anos tinha sido morto, atingido por um estilhaço de metal na cabeça.

Ele disse que os que ficavam ali na frente da igreja visavam de propósito a saída da missa. No domingo passado, um homem foi ferido nas costas, assim como uma menininha de oito anos que também foi atingida por um estilhaço de metal na cabeça.

Alepo, 7 de julho de 2013

Bloqueio. É a palavra nova que papai não para de repetir. Ele não é o único. Todas as pessoas do edifício a repetem.

Desde hoje de manhã, temos eletricidade outra vez, ninguém sabe qual foi o milagre. Então, papai fuma um cigarro atrás do outro comentando as imagens da televisão. O apresentador explicou que a estrada Homs-Hama-Alepo, a única que dá acesso à cidade, foi bloqueada por terroristas e que nosso Exército está fazendo de tudo para romper o nosso isolamento. Espero que isso não dure muito, pois não tem grandes coisas para comer. Mamãe me explicou que os caminhões não podiam mais entrar por causa dos ataques: "Os motoristas dos caminhões têm medo de serem atacados na estrada".

À mesa, nós economizamos. À noite, mamãe nos dá um bolinho de pão em que ela coloca azeite, espalha tomilho e pedaços de azeitonas. Quando tem gás, ela esquenta no forno.

Alepo, 23 de julho de 2013

Papai voltou de mau humor para casa. Ele ficou na fila durante quase quatro horas para comprar dez pães. E, além de tudo, os pães cheiravam tão mal que a gente não teve vontade de comê-los. Mamãe diz que é porque o fermento está podre.

Alepo, 30 de julho de 2013

Hoje papai trouxe uma surpresa para casa. Uma botija de gás. Papai pagou 8 mil libras sírias por ela. Ele disse que ficou mesmo caro demais, porque, na semana passada, o gás custava ainda 2.700 libras sírias.[22]

Mas, pelo menos, vamos poder comer algo quente essa noite. Mamãe prepara uma pizza armênia. É como um *manoushé* sobre o qual normalmente se espalha um pouco de carne. Não vai ter carne, mas não tem problema.

---

[22] Respectivamente, R$ 185 e R$ 62, pela cotação de julho de 2013. [NE]

Alepo, 10 de agosto de 2013

Mamãe se pergunta por quanto tempo o bloqueio vai continuar. Papai diz que há um ponto de passagem no meio da cidade onde se pode atravessar para ir até os que ficam ali em frente. Ele se chama *maabar*. Como não há mais muitos clientes na loja, papai disse que poderia se tornar *maabarji* — aquele que atravessa o ponto de passagem. Aparentemente, há muita gente que faz isso agora. Eles atravessam para o outro lado e trazem o que comer ou gasolina.

Mamãe é contra. Ela diz que é perigoso demais — "E se por acaso eles te raptarem?". Eu também não quero, não quero que ele vá até o lado das pessoas da revolução que atiram na gente, mesmo se for para trazer comida boa.

Alepo, 15 de agosto de 2013

Ontem, papai voltou com uma melancia. Ele disse que a tinha encomendado com um amigo que atravessa o *maabar* todos os dias, e que traz frutas e legumes.

É preciso colocar o que se traz do outro lado em sacos pequenos de plástico preto. E só se pode passar em dois. Não mais que isso. Então, o amigo de papai vai e volta o dia inteiro.

É graças a ele, aliás, que os maristas puderam encher o tanque de combustível — "Ainda que atravessar com sacos de plástico cheios de óleo tenha levado o dia todo", brincou papai.

Alepo, 20 de agosto de 2013

Hoje, o tio Rami veio em casa. Ele parecia triste, tinha os olhos bem vermelhos. Mamãe me disse para ir até o quarto de Jedo e Tita com Joelle para deixá-los conversar. Mas eu me escondi no corredor para poder ouvir.

Tio Rami disse que o primo Abu tinha sido morto na cidade velha. Ele e seu grupo de soldados estavam atirando para proteger a cidadela. Eles estavam entrincheirados na antiga casa de banho turco de Yal Buga. Foi de lá que eles combatiam os adversários. Mas uma bomba caiu em cima deles. O primo Abu tinha dezenove anos.

Mamãe disse que eles puderam, ao menos, buscar o corpo e que poderemos enterrá-lo.

Alepo, 22 de agosto de 2013

Hoje foi o enterro do primo Abu. Mamãe não queria que eu fosse, mas eu insisti. Joelle ficou com Jedo e Tita. E mamãe colocou um vestido preto em mim.

Na praça de Farhat, todo mundo estava quieto. As pessoas normalmente atiram para o alto em enterros ou casamentos, mas seria arriscado demais porque a praça está bem ao lado da frente de combate.

A praça é como um grande retângulo no final do qual fica a catedral de São Elias. Por causa dos bombardeios, ela ficou sem telhado.

Agora há pouco, o irmão Georges nos explicou que é perigoso ficar na praça porque ela está no meio das duas forças em combate. Do lado da nave da catedral, fica o Exército sírio. Atrás do coro, as pessoas da revolução.

Para não chamar a atenção de nenhum dos dois lados, a gente cochicha durante toda a cerimônia.

No final, saímos em silêncio e atravessamos o bairro de Tellal.

Então todo mundo falou baixinho. Depois, a gente se afastou bem devagar e subiu a rua Tellal.

Assim que chegamos perto da ponte, os amigos do primo Abu armaram seus fuzis e começaram a atirar para o céu. Tapei meus ouvidos de tão alto que era.

Papai e mamãe me levaram para longe do barulho. Eles não estavam nada contentes. Perguntei para onde iam as balas depois que eram jogadas para o ar.

Alepo, 25 de agosto de 2013

Hoje é um grande dia. Vou fazer minha primeira comunhão. Tinha medo que fosse novamente desmarcada.

Faz meses que aprendo sobre o pai-nosso, todos os sacramentos de reconciliação e sobre a eucaristia. Até aprendi de cor um pedaço da Epístola aos Coríntios, capítulo 13.

Vamos à igreja de São Jorge. É lá onde devo encontrar as outras crianças com quem vou comungar. Mamãe me acordou cedo. Ela me penteou enquanto papai se preparava.

Alepo, mesmo dia

Dentro da igreja, tudo estava magnífico. Tinha um pequeno arco recoberto de flores sob o qual todo mundo passava antes de ir se sentar.

Mamãe tinha me arrumado com um vestido branco e passou em volta do meu pescoço uma pequena cruz de madeira, antes de colocar em minha cabeça uma coroa de flores brancas entrelaçadas. Ela disse que eu parecia um anjinho e que eu ia voar.

Como nós somos desalojados de Jabal Sayid, foi o monsenhor Jeanbart, bispo da igreja grega católica de Alepo, quem pagou por nossas vestimentas.

Toda a paróquia de Jabal Sayid estava lá, os pais e as crianças. Encontrei Júlia, a filha do tio Rami que também estava fazendo a primeira comunhão.

Colocaram a gente em dois bancos virados um para o outro, arrumados do menor para o maior. Monsenhor Jeanbart chegou com seu cetro e sua cruz dourada. Ele usava um chapéu grande na cabeça, todo em ouro e madrepérola. Mamãe diz que é uma mitra. Depois ele deu a cada um de nós uma Bíblia que carregamos sobre a cabeça enquanto seguíamos para o altar.

Depois da cerimônia, a gente foi para a casa de Jedo e Tita, mas minha avó não estava lá. Ela tinha que voltar para o Líbano, mas não pôde por causa da estrada bloqueada.

À tarde, ela telefonou para papai e lhe disse que o ônibus estava bloqueado na altura do *maabar*, por causa das barreiras e dos tiros. Papai jurou que ele iria buscá-la na saída da passagem. Mas ela não quis, porque era perigoso demais e ele poderia ser morto.

Então papai ficou preocupado. Tita já tem idade e não pode correr muito.

Fizemos um churrasco. Queria frango, mas a gente só encontrou cordeiro. Deixamos grelhando os espetos dentro do apartamento e não na varanda, por causa dos bombardeios.

À mesa, os adultos falaram do bloqueio e dos *maabarji*, aqueles que puxam as charretes, e do fato de eles ganharem muito dinheiro atravessando pela passagem. Papai diz que é verdade que eles ganham muito dinheiro, mas eles correm um risco enorme, pois chovem balas todos os dias em volta da passagem.

Como sobremesa, Jedo encontrou um pote de geleia de figo e massa de gergelim com açúcar, o *halawa* ou *halva*.

Alepo, 29 de agosto de 2013

Vovó voltou hoje do outro lado. Ao telefone, ela contou para papai como ela e todos os outros passageiros de seu ônibus tiveram que passar pelo ponto de entrada do *maabar*, como fizeram eles saírem do ônibus. Eles tiveram que esperar duas horas antes que os deixassem atravessar correndo.

Por causa dos tiros, ela perdeu a mala.

Alepo, 4 de setembro de 2013

Hoje recomeçam as aulas. Papai me acompanhou até a minha antiga escola, a escola Wouroud. É para lá que vou agora. O diretor disse aos pais que, de qualquer forma, haja vista a situação, isso não muda nada. Tem o mesmo tanto de bomba caindo em Jabrieh e em Sulaymaniyah.

Como de costume, a professora nos esperava na frente da escola. Ela nos mandou entrar direto para a sala de aula. Ela nos explicou que a escola ficava em um lugar perigoso.

Um pouco mais adiante fica a rotatória dos correios e dos bombeiros. Ali há muitos combates, é onde está a linha de frente e não devemos nos aproximar dali.

Encontrei Judi, ela mudou. Está tão alta quanto eu.

Alepo, 6 de setembro de 2013

Não tem bombardeios hoje. Está quase calmo. Mas, ainda assim, não fomos para a escola. A professora disse para ficarmos em casa, em segurança. Papai diz que o presidente americano e o presidente francês querem nos bombardear e guerrear contra a gente. Não entendo por que eles querem nos bombardear ainda mais. No entanto, estudo francês desde que tinha quatro anos. Mamãe diz que, há muito tempo, os franceses vieram para a Síria e construíram muitas escolas e hospitais, como o hospital São Luís.[23] Mas, para mim, desde que mamãe me disse que eles queriam guerrear contra a gente, não tenho mais vontade de aprender francês na escola.

Hoje a gente foi para o lar dos maristas. Ajudei mamãe a arrumar as fraldas em cestos higiênicos para as famílias cristãs e muçulmanas de Jabal Sayid.

---

[23] Depois da Primeira Guerra Mundial, coube aos franceses o controle de parte daqueles territórios incluindo o que é a Síria atual. Esse controle foi formalizado em 1920 pela Liga das Nações, criando o chamado mandato francês que terminou em 1943. As forças francesas deixaram o território em 1946.

A distribuição vai acontecer daqui a alguns dias.
Depois, vimos o irmão Georges. Ele nos contou que o papa tinha pedido um dia de jejum e orações pela paz na Síria.

Alepo, 23 de outubro de 2013

Hoje mamãe estava muito triste. Ela ficou bastante tempo no sofá, com os olhos vermelhos. Foi o tio Rami quem ligou para lhe dizer que o primo Gevorg tinha sido morto na guerra. O primo Gevorg trabalhava no Exército, onde era soldado. Ele morreu durante um ataque no bairro de Zahraa, fora de Alepo. Tio Rami veio aqui essa noite para falar do enterro. A gente acendeu velas. Ele contou que o corpo do primo Gevorg estava nas bandas dos terroristas. Eles esperaram que o pai do primo Gevorg telefonasse, para lhe dizer que se ele quisesse recuperar o corpo, deveria pagar 500 mil libras sírias,[24] senão ele só tinha que acessar o YouTube. Papai disse que eram os islâmicos de Jabhat al-Nosra que tinham matado ele.

Mamãe voltou a chorar. Ela disse que não era possível. Que já eram duas pessoas da família mortas. Ela chorou por muito tempo. Eu também disse a mim mesma que, ao menos, os dois estão no céu agora, e não estão mais sozinhos. Papai e mamãe vão ao enterro. Eu vou ficar cuidando de Joelle. Não estou com vontade de voltar à praça de Farhat.

---

24 Aproximadamente R$ 8.200 pela cotação de outubro de 2013. [NE]

Alepo, 1º de novembro de 2013

Mamãe diz que nós somos refugiados em nossa própria cidade. A boa notícia é que os maristas azuis estão ajudando as famílias que fugiram de Sheikh Maqsud[25] a alugar apartamentos, porque agora o inverno se aproxima.

Ontem, um dos clientes de papai lhe disse que sabia de um apartamento vazio, cujos proprietários tinham fugido para o Líbano. Só que ele fica no bairro armênio de Midan, lá onde papai passou a infância.

[25] Bairro ao norte da cidade de Alepo, com maioria da população curda.

Alepo, 4 de novembro de 2013

Foi papai quem veio me buscar na escola hoje. A gente deveria se encontrar com mamãe e Joelle para visitar o apartamento novo. Fez frio, mas o dia estava ensolarado, e quase não tinha bombas.

Com papai, tomamos um táxi que nos deixou antes de Midan. Ele não podia ir até o final, pois não tinha mais gasolina.

Mamãe e Joelle nos esperavam na frente de uma loja. A rua ficava bem ao lado. Ela era toda escura e bem estreita. Havia fios elétricos que atravessavam de um lado para o outro. A entrada do edifício era minúscula e tudo estava sujo.

Os cômodos do apartamento eram maiores e tinha móveis em todo canto com muita poeira. Tinha até mesmo um divã no qual me sentei com mamãe. Papai e Joelle vieram para ficar do nosso lado.

De repente, houve um grande estrondo e o divã desmoronou. Nós gargalhamos e mamãe disse que era culpa nossa, minha e de Joelle, porque a gente comia bolo demais.

Alepo, 10 de novembro de 2013

No novo prédio tinha muitas pessoas desalojadas. Acima da nossa casa vivia uma palestina que vinha do campo de Neirab.[26] Na cobertura, a outra vizinha acolheu seus parentes, quatro famílias do bairro de Chaar. Eles são vinte dividindo o apartamento.

Na casa deles tem movimento e gritos o tempo todo. É um vaivém incessante com portas batendo. Papai diz que é a casa das correntes de ar. As crianças não vão à escola e as mamães usam véus. Eles brigam muito e a gente ouve objetos sendo jogados nas paredes. Papai já foi lá várias vezes para ver se alguém tinha se ferido.

Quando volta do trabalho ao meio-dia, mamãe conversa com eles. O pai tem uma pequena banca na rua Tellal onde vende camisetas e cuecas. A mãe não tem o costume de sair. Mamãe perguntou se ela não queria pegar as crianças e colocá-las em uma escola, mas eles não querem.

---

26   O maior campo de refugiados de Alepo, situado próximo ao aeroporto, ao leste, e criado entre 1948 e 1950 por migrantes do norte da Palestina. Hoje, é um distrito da cidade.

Sinto saudades de Jabal Sayid. A gente compara o tempo todo o que a gente tinha e o que não existe mais. Papai me disse que os armênios estavam abandonando o bairro, pois os colaboracionistas tinham queimado uma igreja, a igreja de São Gevorg. Há algumas semanas, eles até conseguiram entrar no bairro e ocupar três escolas.

Além disso, recebi meu boletim. Mamãe está muito orgulhosa de mim, pois não perdi nenhum dia de aula no ano passado. Ela disse que a escola é a nossa maior sorte e que quanto mais a gente for, maior a chance de ter sucesso na vida.

Alepo, 12 de novembro de 2013

Não tem energia elétrica no apartamento, então fica frio à beça. Para que o vento não entrasse muito, mamãe colocou toalhas nas janelas.

Os tiros não param mais. A gente os ouve ao longe dia e noite. A gente quase não pode sair, só para ir à escola, porque mamãe diz que tem gente armada passando lá embaixo.

Em um dado momento, todas as paredes do edifício tremeram. Isso fez Joelle chorar, então a consolei. Achei que era um terremoto, mas papai me explicou mais tarde que era um túnel que tinha explodido.

Alepo, 17 de novembro de 2013

Hoje mamãe está doente. Papai disse que ela deve ter pegado muita friagem. Então Joelle e eu ficamos coladas nela para tentar deixá-la quentinha.

Alepo, 5 de dezembro de 2013

Mamãe me disse que, agora, tio Rami é quem vai vir me buscar de carro para me levar para a escola todos os dias. Ela não quer mais que eu vá a pé com Joelle. Ela diz que é perigoso demais.

Nós não montamos a árvore de Natal. Normalmente, a gente monta um dia após o dia de Santa Bárbara, no dia 4 de dezembro, mas estávamos com o pensamento longe. Nosso pinheiro ficou em Jabal Sayid com todos os enfeites.

Sinto falta do bairro. Penso nas minhas bonecas, que deixei na mala. Espero que elas estejam lá quando voltarmos.

Alepo, 11 de dezembro de 2013

Por causa da neve, não teve aula hoje de manhã. Coloquei meu casaco e saí para a varanda com Joelle. Pedi à mamãe para deixar a gente ir brincar lá embaixo, na rua.
Mamãe disse que sim e depois voltou atrás. Ela preferiu nos levar para o lar dos maristas, onde a gente poderia brincar no pátio. Fizemos uma batalha de bolas de neve. Joelle pegou a neve nas mãos e comeu. Mamãe colocou um gorro com pompom vermelho nela para ter certeza que ela não ia se perder.

Alepo, 12 de dezembro de 2013

Hoje, no lar dos maristas, teve uma distribuição, porque estava cheio de pessoas desalojadas. Famílias inteiras estavam ali para receber sapatos e cobertas.
 Irmão Georges mandou preparar leite quente para todo mundo. Muitas daquelas famílias vêm da parte leste, de Hanano, a nordeste da cidade, de Sakhour e outros lugares.
 Algumas crianças tinham o rosto preto de sujeira. Mamãe disse que eles não têm mais água. É ela, com a Aya, que as limpa um pouco. Tinha também um homem que só tinha sandálias de plástico. Os pés dele estavam vermelhos de frio. Então, mamãe e irmão Georges encontraram um par de galochas para ele. Mas, como elas eram grandes demais, o homem andava como um palhaço tentando não escorregar na neve.
 À tarde, a gente desenhou um monte de coisas e colamos na parede. Eu desenhei nosso prédio vazio, com papai indo buscar água e depois um tanque que atira, com pessoas mortas pelo chão, e uma menininha chorando.
 Irmão Georges me perguntou quem era a menininha. Disse que era eu. Depois, acrescentei um sol no canto.

Alepo, 16 de dezembro de 2013

Bombardeiam tanto que a gente nem consegue mais se ouvir. No radinho de pilha de papai, disseram que o governo estava lançando explosivos dos helicópteros para libertar os bairros da parte leste.

Alepo, 19 de dezembro de 2013

Mamãe teve uma ideia: nós separamos tudo o que tínhamos e que não usávamos mais. Vasculhei tudo o que era meu, mas não encontrei grandes coisas. Tudo ficou em Jabal. Mesmo assim, encontrei um ursinho de pelúcia que tinham me dado, alguns cadernos de rascunho e canetinhas coloridas, mas secas.

A gente colocou tudo na lareira para se esquentar na frente dela. Em geral, ali dentro, a gente coloca óleo combustível, mas não tinha e a madeira estava muito cara. Então, a gente queimou o ursinho. Ficamos sentados na frente da lareira durante horas. Era bom ficarmos todos juntos em torno da lareira, nos mantendo quentinhos, e a gente ficou com menos medo do barulho das bombas.

Alepo, 26 de dezembro de 2013

É meu aniversário. Ganhei uma boneca e, para que não tivesse ciúmes, Joelle também ganhou uma. Chamei a minha de Farashti, "minha pequena borboleta".
Também ganhei um caderno branco para pintar. Mamãe encontrou pastilhas de tinta aquarela à base d'água e dois pincéis. Judi me trouxe de Lataquia[27] uma caixa em forma de coração, cheia de conchinhas. Em uma delas, estava escrito: "I love you".

27   Cidade costeira síria a quase duzentos quilômetros a oeste de Alepo, principal porto do país.

Alepo, 28 de dezembro de 2013

Ontem foi o aniversário de casamento de papai e mamãe. Mamãe fez uma surpresa para papai, comprou um bolo com geleia de morangos e bolinhas brancas feitas com leite condensado.

Alepo, 29 de dezembro de 2013

Hoje passamos em frente à igreja ao voltar da escola. Tinha uma longa fila de gente que esperava com bacias de plástico. Perguntei o que eles estavam fazendo. Mamãe respondeu que eles estavam esperando por água e que muitas igrejas e mesquitas tinham cavado poços em seus jardins para distribuir água para as pessoas que não tinham.

Alepo, 21 de março de 2014

Hoje é o Dia das Mães. Joelle e eu fizemos um peixe de papel machê no qual escrevemos todas as frases que a gente queria dizer para mamãe. Eu caprichei e escrevi: "Eu te amo. Você é a melhor mãe do mundo. Assinado: Myriam e Joelle para Antonia".
    Depois, a gente cantou várias músicas.

Alepo, 30 de março de 2014

No novo bairro, só uma padaria fica aberta. Foram os vizinhos que nos disseram. Então, hoje, mamãe me deixou ir lá com papai para fazer o estoque de pão.
    Na rua, tudo estava vazio e a neve estava começando a derreter. As únicas pessoas com quem a gente cruzava corriam em vez de caminhar. E quanto mais a gente se aproximava da padaria, mais os prédios estavam destruídos. Teve uma hora em que a gente passou na frente de um parque e tinha ali um velho ônibus queimado no meio, em cima do balanço.
    Na frente da padaria tinha pelo menos cinquenta pessoas fazendo fila. Elas estavam com tantas camadas de roupas que até se podia pensar que eram obesas. Um senhor tinha pelo menos três casacos com ele.
    A gente esperou quase uma hora, em silêncio, só fazendo fumaça com nossas bocas, esperando a nossa vez. Quando o padeiro nos deu o pão, não pude deixar de pegar imediatamente um pedaço, estava com muita fome.

Alepo, 15 de abril de 2014

Hoje papai voltou do trabalho com um par de patins. Eles não são do tamanho do pé de Joelle, nem do meu. Mas até servem para Joelle se a gente colocar um pouco de pano na ponta.

Então ela não para de dar voltas no apartamento, passando pela varanda. Isso dá um pouco de vertigem na mamãe.

Alepo, 27 de abril de 2014

Essa manhã deixaram a gente sair, porque não tinha bomba desde ontem à noite. Lá fora está começando a esquentar. As últimas árvores que sobraram, aquelas que os moradores não cortaram para fazer lenha, começaram a dar folhas.

    A gente estava brincando bem embaixo de casa. Depois de um tempo, outras crianças desceram para a rua. No meio do caminho tinha um buraco de obus e dentro dele estava cheio de água, então brincamos de corrida com toquinhos de madeira. Eles flutuavam e a gente tinha que empurrar sem usar as mãos, só com o sopro.

Hoje à noite o celular de mamãe tocou. Era vovó, que perguntou se estávamos todos bem em casa. Depois, ela disse que 23 pessoas tinham acabado de morrer na padaria.

Alepo, 28 de abril de 2014

Hoje mamãe estava deprimida. Ela fez uma visita ao hospital São Luís onde os irmãos maristas ajudam os feridos. Ela falou de uma mãe que encontrou lá e que perdeu o filho, morto por um atirador escondido, e, no dia seguinte, sua nora e os quatro netos, atingidos por um obus na rua. Joelle e eu demos muitos beijinhos em mamãe.

Alepo, 29 de abril de 2014

A rua grande ao lado do nosso edifício se chama rua Burj, nome do restaurante que ficava na esquina. Ele era famoso antes. Era um restaurante de especialidades armênias. Eu me lembro bem, pois o letreiro tinha um desenho da Torre Eiffel. Foi papai quem me contou, ele passava ali na frente com seus pais quando era pequeno. Era uma entidade do bairro.

Papai disse para a gente não passar por essa rua porque os atiradores abrem fogo para aquela direção a partir de um grande prédio em construção do outro lado, em Bustal al-Basha. "Eles sobem bem lá em cima e esperam as pessoas. É por isso que os moradores do bairro colocaram toldos na rua para tapar a vista deles." Uma senhora de idade foi morta no domingo passado.

Agora a gente tem que dar a volta por trás para evitar a grande rua. Muralhas baixas de tijolos foram levantadas na esquina das ruas para que as pessoas circulassem protegidas.

Alepo, 4 de maio de 2014

O verão, no apartamento, é mais difícil ainda. Faz calor, muito calor. E a gente fica entediado.
À noite, nós nos obrigamos a dormir com as janelas escancaradas. Ontem papai colocou o colchão diretamente no chão, na varanda. Mamãe não ficou muito tranquila. Mas papai insistiu. Só que, de madrugada, os bombardeios ficaram ainda mais fortes. Mamãe tentou acordar papai, mas ela não conseguiu. Ela o chacoalhou em vão. Então, ela não teve escolha: foi obrigada a puxar o colchão para dentro com ele em cima.
Joelle e eu dormimos no cômodo mais protegido do apartamento. Mamãe colocou grandes lençóis que serviam de cortinas, assim os vizinhos não nos veriam. Na rua, todo mundo faz a mesma coisa.
Do lado de fora, os bombardeios se acalmaram um pouco. Papai diz que está caindo sobre Bustan al-Basha, bem ao lado de Jabal Sayid. Ele diz que os curdos estão lutando contra as pessoas da revolução para retomar todo o bairro.

Alepo, 15 de maio de 2014

Ontem papai nos fez uma surpresa e trouxe uma piscininha de plástico inflável para que a gente colocasse na varanda e enchêssemos de água.

A gente brincou dentro dela o dia inteiro. Como antes. Era só fechar os olhos e imaginar que a água estava salgada, parecia que a gente estava no mar.

Alepo, 2 de junho de 2014

Hoje a gente passou o dia inteiro no hall do edifício. Teve bombardeio o tempo todo.

Papai diz que é por causa das eleições para presidente. Ele disse que os opositores não querem que as pessoas saiam para votar, então atiram em todas as ruas.

Essa noite fomos jantar na casa de Jedo e Tita. Depois do jantar, voltamos para casa. Mas os bombardeios recomeçaram bem fortes. Tão fortes que tivemos que nos abrigar e esperar que passassem. Mamãe contava entre cada tiro, que nem a gente conta quando tem um trovão na tempestade. Explodia sempre a cada dez segundos. Logo, eles não estavam muito longe.

Papai então disse que a gente devia correr até em casa. Ele pegou a mão de Joelle, que deu outra para mamãe, que me deu a sua. E a gente correu em fila indiana se apertando contra as paredes dos prédios.

Mas as bombas se tornaram fortes demais e perto demais. A gente parou embaixo da marquise de um prédio e papai disse a mamãe que a gente devia dar meia-volta. Então, mamãe pegou Joelle no colo e nós corremos no outro sentido. Nós voltamos para a casa de Jedo e Tita, que nos esperavam no térreo do edifício, mortos de preocupação.

Alepo, 3 de junho de 2014

Hoje de manhã voltamos para o apartamento. A vizinha do primeiro andar estava nos esperando. Ela nos disse que um foguete tinha caído bem ao lado. Felizmente tínhamos voltado para a casa de Jedo e Tita ontem à noite. Tenho certeza que foi Deus quem salvou nossas vidas.

O apartamento estava com vidro para tudo quanto é lado, na sala e em cima dos colchões. Ajudo mamãe a arrumar.

Um grande pedaço da varanda caiu na rua e outro está pendurado, preso por pedaços de ferro.

Papai não entende como é possível que não tenha estilhaços de metal na sala. Foi o vizinho do primeiro andar que veio nos dar a explicação: um míssil caiu na rua e a explosão fez um pedaço grande de calçada saltar para o alto, e foi isso que quebrou a varanda. A piscina estava toda furada. Acabaram os banhos de mar.

Os vidros das janelas dos apartamentos no primeiro andar e no segundo ficaram completamente despedaçados. Ainda bem que não estávamos lá.

Alepo, 25 de junho de 2014

Essa manhã, um milagre. A energia elétrica voltou ao apartamento. Foi a primeira vez que a gente teve luz aqui. Todas as lâmpadas se acenderam de uma só vez. O velho lustre do corredor cheio de poeira. A pequena luminária sobre o canto do bufê. E as lâmpadas fluorescentes da cozinha. Papai ligou a televisão imediatamente e passou o dia na frente dela.

Alepo, 7 de julho de 2014

Está fazendo um calor de matar. Mamãe diz que a gente poderia assar pão só deixando a massa do lado de fora em uma forma de alumínio.

Alepo, 9 de julho de 2014

Todos os dias vamos buscar água com papai. Dois baldes com ele, um para mim e uma garrafa não muito pesada para Joelle. Vamos até a grande mesquita de Midan.

Na escada, passamos pelos vizinhos. Todas as crianças do apartamento vizinho pediram para ir fazer a mesma coisa. Duas delas carregavam baldes na cabeça, o que nos fez rir.

Depois, a gente saiu em fila indiana até a mesquita. Outras pessoas faziam como nós, então sempre tem que fazer fila na mesquita.

Alepo, 14 de julho de 2014

Hoje Judi veio em casa. Papai foi buscá-la. Fiquei tão feliz e, de noite, saí de novo. Jantei com papai, mamãe e Joelle.

Papai contou que os clientes da loja falavam todos de Racca hoje. Racca é uma cidade a leste do país que é ocupada por pessoas do Daesh,[28] e onde as pessoas não podem mais fumar nem escutar músicas, e onde as mulheres são obrigadas a usar o *nicabe*.[29]

---

28 Acrônimo em árabe do Estado Islâmico do Iraque e do Levante (*ad-Dawlat al-Islāmiyah fī al-'Irāq wa sh-Shām*), mais conhecido pela sigla em inglês ISIS.
29 O véu integral que só deixa os olhos à vista. Diferente da burca, que é mais rara e cobre o corpo inteiro, o nicabe é apenas para cabeça e pescoço; o hijab é o véu que deixa o rosto à vista.

Alepo, 20 de julho de 2014

Hoje fui novamente buscar água com papai e Joelle. A gente não pegou o caminho de costume porque papai disse que era menos perigoso passar pelo outro lado do bairro.
Passamos por pequenas vielas. Nas varandas, não tinha mais flores, e quase todas as persianas estavam fechadas. No andar térreo dos edifícios, as pessoas tinham feito barricadas para os apartamentos, com pranchas de madeira que eles pregavam nas janelas.
Fazia tanto calor que, quando chegamos em uma rua grande, eu já estava com a camiseta toda molhada de suor.
Lá no riacho que atravessa a cidade, alguns jovens tomavam banho. Vários homens estavam sentados na beira de uma ponte, com baldes pendurados em cintos. Um deles disse que a água estava boa embaixo, porque ela vinha das cisternas que transbordavam e os oposicionistas as tinham jogado no rio. Perguntei se eu também podia ir me banhar, mas papai não quis. Ele tem medo que eu pegue alguma doença. E, além disso, ele disse que talvez eles tenham jogado algum veneno ali.

Perguntei por que os oposicionistas jogariam água no riacho. Ele me explicou que nossa água vinha de muito longe, de um rio que se chama Eufrates. A água bombeada desse rio chega por canalizações que atravessam o país por mais de oitenta quilômetros.

"Depois, ela chega em uma enorme cisterna perto de nossa casa de Midan, mas a cisterna, ela fica onde, na sua opinião, Myriam?"

"Do lado dos oposicionistas."

Papai diz que quem guarda a cisterna é o chefe das pessoas da revolução e que ele não pode cortar a água porque, assim, privaria também as pessoas do seu lado. Então, ele não faz nada. Mas a água continua a chegar do Eufrates e a cisterna transborda. Sendo assim, o chefe é obrigado a abrir as válvulas e ele prefere jogar a água no riacho do que nos dar. Depois, papai me explicou que eram eles que cortavam a água porque queriam nos fazer sofrer. Nos desmoralizar.

Alepo, 27 de julho de 2014

Para ir até a mesquita tem outro caminho, mais perigoso ainda que os outros, mas mais rápido. Ele passa mais perto dos combates e a gente ouve os tiros ainda mais alto. Hoje de manhã, foi esse caminho que a gente tomou.

Primeiro tivemos que atravessar as pequenas vielas do bairro armênio. Depois, pegar a direita na grande rua no final e, por fim, chegar na avenida que leva até a estação dos ônibus. Os combatentes ficam do lado esquerdo, a apenas algumas dezenas de metros.

A avenida, é como um grande campo de batalha. Há pedaços de edifícios caídos por toda parte formando montes de pedras sobre o chão. Também dá para ver pedaços de sucata e de móveis abandonados ou queimados que devem ter caído dos edifícios.

No final da avenida, a gente vira à direita na estação dos ônibus. Tem carcaças de ônibus empilhadas na entrada e, dentro da rodoviária, algumas pessoas fizeram cabanas. Tem mantas, papelões, colchões.

Quando a gente atravessou a avenida, agora há pouco, alguém chamou de longe pelo nome de papai. A gente parou e a voz continuou a nos chamar. A gente não reconheceu imediatamente quem era, de tanto que ele tinha emagrecido. Era o sr. Souheil, um conhecido de papai.

Ele colocou a cabeça para fora da janela de um ônibus estacionado ali. Ele correu até nós, dizendo que estava tão contente de nos ver vivos e com saúde. Ele fala francês. Ele nos contou que seus estudos de literatura francesa na universidade de Alepo não tinham servido para nada. Ele tinha abandonado tudo para virar motorista de ônibus, mas, por causa da guerra, ele não tem mais trabalho. A barba dele cresceu e ele ficou com cabelos longos e sujos.

Ele nos chamou para entrar no ônibus que lhe servia de casa. Tinha também sua mulher e seus oito filhos que viviam ali.

Ele nos contou que como o apartamento deles tinha sido destruído, ele foi morar ali com a família.

Alepo, 20 de agosto de 2014

A energia elétrica chega quando ela quer, sem avisar. Em Alepo, todo mundo espera. Às vezes, ela chega às quatro horas da manhã e toda a casa se ilumina.
    Não importa a hora que ela chegue, mamãe fica ativa. Enche a banheira de água, coloca a máquina de lavar para funcionar. É preciso ligar tudo o que podemos.

Alepo, 1º de setembro de 2014

As aulas voltaram. Papai e mamãe estão orgulhosos de nós: não faltamos um dia sequer na escola!

Alepo, 2 de setembro de 2014

Ontem encontrei uma menina no lar dos maristas. Ela se chama Khatun, quer dizer "a rainha". Ela é armênia e tem uma voz um pouco grave. Ela é grande, tem pelo menos uns dezesseis anos. No pátio, ela me contou como ela e sua família tiveram que fugir de casa quando os terroristas chegaram. Ela vem de Racca, uma cidade a leste do país. Ela me contou que lá estava cheio de estrangeiros que falavam línguas diferentes, até mesmo chineses. E também que eles vestem preto e que matam pessoas que não rezam direito.

Na TV, todo mundo fala disso. Eles se chamam de Daesh. Papai diz que não estão longe de nossa casa, do outro lado da linha de frente. Foram os clientes dele que lhe disseram que tinham visto as bandeiras negras flutuando sobre os prédios do bairro de Bustan al-Qasr.

Alepo, 3 de setembro de 2014

Agora há pouco, papai voltou do trabalho com LEDs. São pequenas lâmpadas brancas que precisam ser recarregadas e que iluminam. Como não tem energia elétrica, papai vai recarregá-las na loja onde eles têm um gerador.

É muito legal, porque agora tenho uma luminária para a escrivaninha. Não preciso mais de velas. Estou vendo melhor.

Tem geradores em todo canto da cidade. São máquinas grandes que fazem barulho e funcionam o dia inteiro. Papai me explicou que era preciso colocar combustível e que assim dava para fornecer energia para todo mundo.

Por isso, era preciso comprar um ampere. Custa 500 libras sírias[30] por semana. Com isso, dá para ter televisão e uma lâmpada na sala, mas não dá para ligar a máquina de lavar, nem a geladeira.

---

30   Aproximadamente R$ 7,30 pela cotação de setembro de 2014. [NE]

Alepo, 7 de outubro de 2014

Hoje a professora nos perguntou o que a gente queria fazer quando crescesse, como profissão. Eu disse que seria médica de crianças. Ela disse que isso se chamava "pediatra". Também disse que queria ser astrônoma. Assim, eu podia observar e descobrir novas estrelas com um telescópio enorme, como tinha visto na televisão.

Alepo, 13 de outubro de 2014

Passeamos, Joelle, mamãe e eu, em um grande parque perto da estação ferroviária de Bagdá. Lá tinha retratos de militares colados por todo o lado. Mamãe disse que são os mártires, os soldados que tinham morrido. Assim como o primo Abu ou o primo Gevorg.

Perguntei se nós também tínhamos colocado foto deles. Ela me respondeu que sim e que, graças a isso, ninguém os esqueceria.

Alepo, 20 de outubro de 2014

A gente ficou na casa do irmão de mamãe o dia inteiro. Tinha combates demais perto de nossa casa, por isso papai não quer que a gente fique lá.

À tarde, meu tio levou meus pais para visitar um apartamento para nós, bem no meio do bairro cristão, no centro de Sulaymaniyah, não muito longe da loja de papai. Não queria que eles saíssem. Tinha medo que eles morressem.

Quando voltaram, eles pareciam contentes. Vamos nos mudar mais uma vez.

Alepo, 2 de novembro de 2014

A gente está no novo apartamento. Foi meu tio quem nos levou de carro. Pela janela, vi que tudo estava destruído. Passamos ao lado do *suque*, não sobrou mais nada dele. As entradas estão todas pretas, isso quando não estão tampadas por um monte de pedras.

    Ao ver que o novo apartamento ficava no quinto andar, fiquei com medo. É ali que as bombas caem.

Alepo, 14 de dezembro de 2014

Há alguns dias, um jovem escoteiro morreu. Seu nome era Soubi. Ele tinha 28 anos. Na semana passada, ele foi atingido por um estilhaço de uma explosão no bairro de Asileh, ao sul da cidade velha. Ele fazia parte do mesmo grupo que eu, o grupo Champagnat Jabal Sayid. Ele trabalhava como voluntário no lar dos maristas.

Então, hoje, nós fomos à missa oferecida em sua homenagem. Na rua que nos levava até a igreja, tudo estava coberto de neve. As carcaças de ônibus, as pedras, os carros abandonados. Algumas pessoas caminhavam, mais do que no outro bairro. É como se um lençol branco estivesse estendido sobre Alepo.

Alepo, 26 de dezembro de 2014

Hoje eu fiz onze anos. É meu aniversário.

Penso em Abu, penso em Soubi, nos meus tios, em Fadi, que nunca mais vi desde seu acidente.

Em vez de colocar velas em cima do bolo que comprei com mamãe, preferi colocá-las diante do altar e rezar por eles.

Alepo, 17 de fevereiro de 2015

As bombas estão piores que antes. Elas fazem outro barulho, ainda mais ameaçador. Papai diz que elas são chamadas de *jarrat*, e que estão cheias de pregos para machucar quando explodem.

A catedral maronita[31] da cidade foi atingida e destruída. Parece que todo o teto caiu. Aqui, até mesmo Deus não tem mais casa.

---

[31] Grupo religioso católico, existente desde o século IV, que obedece ao papa, mas segue ritos orientais.
As missas são proferidas em língua siríaca, dialeto aramaico ocidental, mas também em árabe.

Alepo, 4 de março de 2015

Pensei que fosse um terremoto. Estava no apartamento, pegando um copo d'água do balde, quando os móveis começaram a mexer. Ao longe, teve um barulho enorme, bem maior do que de costume.

De repente, ouvi gritos pelo prédio inteiro, e na rua. As pessoas berravam.

Corri para ver mamãe. O telefone dela tocava. Era seu irmão, que perguntava se estava tudo bem. Ele explicou depois que os rebeldes tinham colocado uma bomba no edifício militar para atacá-lo e que era isso que tinha feito as paredes tremerem.

Alepo, 8 de março de 2015

Hoje mamãe me disse que o irmão Georges estava triste e com raiva. Ontem ele soube da morte de Nour, uma jovem chefe dos escoteiros, antiga campeã de basquete síria que também tinha um irmão escoteiro. Ele contou que ela tinha sido morta por um atirador ao atravessar a praça dos mártires voltando de um jogo.

Essa praça é a linha de frente. Ao redor, não tem mais nada ali, só soldados que atiram de cima de um edifício para outro.

Alepo, 9 de março de 2015

Acompanhei mamãe ao lar dos maristas. Agora, ela é responsável por dar aula para as crianças das famílias de desabrigados que acabam de chegar. Os maristas criaram uma escolinha que se chama "Quero aprender".

    Todos os alunos têm entre cinco e sete anos, são muçulmanos e vêm dos bairros bombardeados da parte leste. Os que conseguiram fugir estão abrigados por famílias que os maristas já estavam ajudando. Mas muitas crianças são órfãs.

Alepo, 10 de março de 2015

Hoje, na escola dos maristas azuis, encontrei uma menininha que brincava no pátio. Ela tem cinco anos e se chama Iba.
    Reparei que, em alguns momentos, ela parava de repente de brincar e gritava: "Esma! Esma, vem brincar comigo!".
    Perguntei para mamãe quem era Esma. Ela me explicou que Iba tinha acabado de se mudar para o bairro de Khaldiyeh, a oeste da cidade, perto das antigas usinas. Antes, ela morava no bairro de Hanano, bem a leste, e sua irmã Esma foi morta bem na frente dela. Iba ficou ao lado do corpo durante várias horas falando com ela, como se a irmã não tivesse morrido. Desde então, ela a via toda hora.
    Perguntei se a gente podia comprar um presente para Iba para consolá-la um pouco. Mamãe disse que sim, e que logo sairemos para comprar.

Alepo, 14 de março de 2015

A gente foi procurar uma boneca para Iba. Fui eu quem escolheu em uma pequena drogaria que continua aberta, lá embaixo, perto de casa. Depois, saímos de carro com o irmão Georges para o bairro em que Iba morava, para lhe dar o presente.

Não reconheço mais Alepo quando atravesso a cidade. É preciso andar lentamente de carro, para evitar os obstáculos no caminho. Quase todos os prédios perderam dois ou três andares, que escorregaram para o chão. A gente cruza as barreiras e vê pessoas armadas.

Foi o papai dela quem nos abriu a porta. Toda a família vive em um apartamento minúsculo. Como não tem mais janelas lá, eles colocaram plástico para se proteger do frio.

Iba estava feliz por nos ver, e ainda mais feliz quando a gente lhe mostrou a boneca. Ela a pegou nos braços e apertou bem forte. Mamãe lhe disse que ela precisava lhe dar um nome. Iba observou a boneca e a beijou dizendo que ela a chamaria de Esma.

Alepo, 11 de abril de 2015

Ontem foi a pior noite da minha vida. A energia elétrica voltou e nós estávamos vendo um programa na televisão que se chama "Rir com todo o coração".
    De repente, ouvimos o assobio de um míssil que se chocou bem atrás de nosso prédio e explodiu. Esperamos, pensando que aquele seria o único.
    Mamãe abriu imediatamente as janelas para que elas não explodissem. Eu estava descalça quando o segundo míssil caiu no prédio bem ao lado do nosso. Isso fez um estrondo assustador, como se um raio tivesse caído em cima de nós. Mas bem pior.
    Mamãe puxou nós duas, Joelle e eu, para nos esconder no banheiro. Comecei a vomitar, tentei lutar contra isso, mas não consegui. Do vão da escada vinham muitos gritos. Eram os vizinhos que nos mandavam descer para a casa deles, porque nós não ficaríamos seguros no último andar.
    Então, nós fomos todos para a casa da vizinha armênia do terceiro andar, exceto papai, que quis ficar. Dentro do apartamento dela, tinha vidro para todo lado, pois ela não teve tempo de abrir as janelas, que tinham estourado em mil pedaços.

De repente, outro míssil caiu e me fez pular. Joelle começou a tremer sem dizer nada. Seus lábios tremelicavam sozinhos sem que nenhum som saísse da boca.

A vizinha nos deu açúcar e mel, dizendo que nós estávamos todas muito pálidas. Depois, ela abriu o Evangelho e começou a ler passagens em voz alta. Disse que isso nos protegeria.

Eu estava pensando em papai, que estava lá em cima, sozinho, e dizia a mim mesma que, se o edifício desmoronasse, morreríamos nós todos, esmagados pelas pedras.

O telefone de mamãe tocou. Era o irmão Georges. Ele disse que todo o nosso bairro estava sendo atingido, e que famílias vizinhas estavam chegando ao lar dos maristas.

Aproveitamos a calmaria para subir de novo. Papai estava no sofá, fumando. Mas não ficamos lá: outro míssil caiu, e mamãe nos pegou de novo pelo braço para descer mais uma vez para a casa da vizinha.

Dormimos lá. E, essa manhã, mamãe falou com Lina, e ela lhe disse que, no prédio ao lado do nosso, duas crianças ficaram presas em um quarto e que o míssil tinha destruído a escada.

O pai delas, que teve as duas pernas cortadas, gritou por elas quase a noite inteira, para elas não saírem de lá, antes de morrer, quando seu sangue se esvaiu totalmente. Foram os bombeiros que tiraram eles de lá.

Alepo, 13 de maio de 2015

Recebi meu boletim hoje. Preciso melhorar em matemática, mas, por outro lado, continuo bem melhor que a média.

Papai está orgulhoso de mim.

Alepo, 10 de junho de 2015

Hoje de manhã, Judi chegou na escola com um sorriso de orelha a orelha. Ela estava muito feliz porque deve se mudar esse fim de semana. Ao mesmo tempo, ela não está muito confiante, pois seu novo apartamento é no quinto andar e só tem janelas de vidro.
    Mais ninguém quer morar nos últimos andares. Só ontem, dois mísseis caíram durante a madrugada.

Alepo, 15 de julho de 2015

A gente ouviu barulho de aviões a noite toda. Como uma tempestade que não parava nunca. Às vezes, a gente pensa que são pessoas que vão nos tirar daqui, mas não. Os aviões nunca pousam e só largam bombas.

Alepo, 3 de agosto de 2015

Estou passando minhas férias no lar dos maristas azuis. A gente não sai do convento e, à noite, fica em casa.

Sinto falta das férias que tinha antes. As colônias na praia com os maristas, os *malabi* na cidade velha, ao ar livre. Tenho vontade de passear até o café Sissi.

Alepo, 4 de novembro de 2015

O telefone de mamãe não para de tocar desde que voltei da escola. São os seus irmãos que querem nos dizer que o governo recuperou a estrada que liga Alepo a Homs.

"É o fim do bloqueio?", perguntei. Mamãe disse que não queria afirmar nada, porque tinha a impressão de que não ia acabar jamais, mas senti que ela estava contente.

Alepo, 20 de novembro de 2015

Irmão Georges diz que hoje é o Dia Internacional dos Direitos das Crianças no mundo inteiro, mas que esqueceram de colocar Alepo na lista.

Alepo, 9 de dezembro de 2015

Hoje de manhã estava fazendo muito frio. Estamos sem eletricidade há mais de cinquenta dias, mas a água voltou. Fazia várias semanas que ela estava sendo racionada.

Papai está com saudades da televisão. Ele escuta seu radinho de pilha. Não tem combustível para o aquecedor nem para colocar nos geradores.

Alepo, 16 de março de 2016

Alepo é uma cidade fantasma. Não tem mais ninguém. Às vezes, há senhoras de preto que correm do lado de fora, ou pessoas armadas. Mas só isso.

    Quando a gente abre as janelas, não tem um barulho de vida sequer. Não existem flores, não existem cores e até os pássaros já nos deixaram.

Alepo, 7 de maio de 2016

Teve outra moça que morreu essa semana. A gente precisou colocar nossos vestidos pretos para ir à missa.

Fazemos tudo o que podemos para nos manter firmes e esquecer a Alepo que perdemos, mas cada dia fica mais difícil.

Alepo, 6 de junho de 2016

Ontem foi domingo e saí com Joelle para ver os escoteiros. Ao voltar para casa, havia uma grande agitação na rua. Andamos por cima do vidro estilhaçado e dois carros estavam totalmente pretos, como se tivessem sido queimados. E, além disso, tinha vários buracos nas vitrines das lojas.

Quando perguntei a papai o que era, ele me disse que não sabia. Mas hoje, na escola, Fuad me contou que um míssil tinha caído na minha rua. "Você não estava lá? Fez um 'bum' enorme. Queimou dois carros. Tinha um homem dentro que foi carbonizado... Ficou um cheiro ruim no bairro inteiro."

Então, hoje à noite, disse para papai que, na escola, os meninos tinham me dito tudo e que não adiantava nada não nos dizer a verdade.

Papai me disse que ele não queria contar nada para não assustar Joelle, assim ela não ia querer dormir. Mas que era verdade, teve um míssil que caiu e tinha destruído tudo no prédio na frente de casa, e que ele e mamãe tinham se refugiado na casa da vizinha do terceiro andar, caso algo caísse sobre o teto.

Alepo, 10 de agosto de 2016

Hoje papai me levou para o telhado do prédio. Ele apontou nosso antigo bairro. Depois, me prometeu que a gente voltaria para lá, assim que tudo acabasse. Mas sei que isso não vai acabar nunca.

Para a volta às aulas, mamãe me deu um celular. Ela disse que, se acontecesse qualquer coisa na minha escola nova, eu podia lhe telefonar e ela chegaria imediatamente.

Alepo, 14 de setembro de 2016

Para a volta às aulas, Joelle e eu estamos matriculadas na escola Amal.

Às 7h30, subimos em um táxi. Papai e mamãe nos acompanharam, porque é o primeiro dia, mas nos outros dias vai ser o ônibus escolar que vai vir.

Na frente do portão da escola, não reconheci ninguém. Papai disse que eu tinha que fazer novas amigas, mas não estava com muita vontade.

Nós somos 34 na sala de aula. Eu me sentei na frente e uma menina veio ficar ao meu lado. Ela se chama Haydi. Ela é muito gentil e é aluna nova ali, como eu.

Os professores vieram se apresentar, um depois do outro. Tem o sr. Toufik, de história e geografia, a srta. Mirna, de francês, e a srta. Lina, de ciências. Os outros virão amanhã.

Ao primeiro sinal, eles saíram. Para nos protegermos, ficamos o mais próximo possível da parede e estudamos.

Alepo, 1º de outubro de 2016

Na escola, os meninos são insuportáveis. Eles tiram sarro de tudo. E, principalmente, deixam a professora de matemática maluca. Tem um que fica imitando ela, colocando os óculos ao contrário.

Alepo, 4 de outubro de 2016

Ontem os mísseis passaram bem alto, por cima do edifício. Mamãe não aguenta mais o barulho. Quando passam por cima, ela grita: "Não-não--não-não-não-não-não!". Eu coloco as mãos nos ouvidos e tremo.

Mamãe tem sempre a impressão de que o míssil vai entrar pela janela. Ela diz que o coração dela chega a parar. Joelle não gosta disso. Ela não diz nada, mas, depois, ela chora e dorme abraçada com mamãe. E, de madrugada, chuta ela durante o sono. Papai diz que é porque ela tem medo.

Alepo, 10 de outubro de 2016

Essa manhã foi o silêncio que me acordou. Papai me explicou que era uma trégua para que as pessoas saíssem dos bairros bombardeados. Mas essa noite, no rádio, disseram que ninguém tinha saído. O celular de papai e de mamãe recebiam SMS o dia todo. Eram mensagens do governo. Diziam: "Vocês, que combatem, voltem para dentro do país, beneficiem-se do decreto presidencial. Deixem suas armas". Ou: "Vocês, elementos armados! Sabiam que seus chefes abandonaram vocês e que estão fugindo deixando-os à própria sorte?". Agora há pouco chegou esse aqui: "Você, rebelde, será que você sabe que a maioria dos chefes de Daesh são agentes de espionagem internacional?".

Alepo, 14 de outubro de 2016

Hoje de manhã, quase não fomos para a escola. Enquanto o motorista do ônibus fazia a viagem e parava para alunos e professores no caminho, a dona Mirna, professora de ciências, recebeu uma ligação da escola dizendo que um míssil tinha caído no muro da entrada.

Ela e os outros professores ligaram para o diretor para dizer que eles não queriam vir, pois era perigoso demais. No fundo do ônibus, pensei comigo que devia ficar com mamãe no lar dos maristas. Mas a gente foi para a aula assim mesmo.

Quando o ônibus chegou ao pátio, a gente viu o muro do portão completamente desmoronado. Ainda tinha fumaça saindo das pedras. Pessoas da escola estavam limpando, tirando os pedaços.

Eu tentei acalmar Joelle antes que ela entrasse na sala de aula, mas ela estava com medo. Minha pobre Joelle.

Alepo, 18 de outubro de 2016

Há alguns dias, uma fumaça gigante ficou sobre a cidade. Papai me explicou que os oposicionistas queimavam pneus para cegar os aviões que os bombardeavam. Além do mais, encontramos panfletos por todo canto da cidade. Estão escritos frente e verso. Mamãe disse que caíram do céu, que "são os helicópteros do nosso lado que mandam para o lado deles".
Haidy pegou uns panfletos que caíram ao lado de nossa escola. Neles, está escrito que os que quiserem abandonar as zonas de combate podem se dirigir para os corredores humanitários. Eles escreveram também que aqueles que têm armas devem deixá-las e que eles serão acolhidos nos diferentes pontos de passagem e vão ser beneficiados pelo armistício do governo. Para isso, é preciso caminhar devagar, não correr, e agitar uma bandeira branca, e todo mundo vai ser cuidado.
No verso do papel, tem um mapa colorido com os diferentes locais por onde se deve passar, com os endereços.

Alepo, 21 de outubro de 2016

Papai recebeu treze SMS do governo, tudo isso só hoje. Eles se dirigem aos rebeldes, mas todos de Alepo recebem.

Ele leu em voz alta, no jantar: "Caros pais, pedimos que ajudem o Exército sírio a encontrar os lugares onde se escondem os terroristas para protegê-los, a vocês e a seus filhos".

Alepo, 26 de outubro de 2016

No meu celular tem internet. Então, eu criei um perfil no Facebook. Joelle quer um tablet para poder ver desenhos animados mesmo quando estamos sem luz. Tanto que, ontem, ela usou o telefone de papai para mandar mensagens no WhatsApp para toda a família dizendo-lhes que eles estavam convidados a vir em casa.

À noite, papai recebeu uma dezena de telefonemas que perguntavam o que deviam trazer. Papai riu e disse que ia pensar no caso dela com relação ao tablet.

Papai dá tudo para ela. Ele diz que nós somos duas estrelas, mas de planetas diferentes.

Alepo, 21 de novembro de 2016

Hoje de manhã, "buns" enormes ressoaram no bairro de Azizié. As janelas vibraram muito forte e meu coração pulava a cada tiro de canhão. É como um estalo bem pesado, bem profundo, que me revira o estômago.

    A professora nos mandou descer correndo para o subsolo. Depois de meia hora, as coisas se acalmaram e os professores aproveitaram para telefonar para os pais.

    Fui procurar Joelle no pátio e saímos rapidamente para encontrar mamãe, que nos esperava.

    Do lado de fora não tinha barulho, como sempre logo após as bombas. Mais ninguém falava. Mamãe diz que nem os pássaros cantam mais. A gente andou rápido ao longo da rua. As pessoas pareciam preocupadas.

    Teve uma hora que, na nossa frente, as pessoas pararam. Mamãe apressou o passo, mas eu vi de qualquer jeito. Pessoas olhavam um grande buraco na calçada, no fundo do qual havia estilhaços de vidro e um lago de sangue.

Um pouco mais longe, no caminho, vi o sapato de uma criança. Tinha um cheiro de poeira que pinicava um pouco os olhos. Mamãe nos puxava para ir rápido, mas ela estava totalmente pálida. Não pude evitar uma poça de sangue que acabei pisando.

À noite, no rádio de papai, disseram que dois mísseis tinham caído sobre uma escola e que oito crianças tinham morrido.

Alepo, 25 de novembro de 2016

À noite, quando tem energia elétrica, papai liga a televisão. Ele quer ver tudo e saber tudo sobre a situação. Mas a gente não quer mais saber de ver imagens de guerra. Principalmente quando as notícias não são boas.
A apresentadora disse que havia grandes batalhas na parte leste da cidade atualmente. Nós ouvimos o som dos aviões que atravessam o céu, de madrugada. É como se alguém desse um soco enorme no chão o tempo todo, fazendo as paredes tremer. Estamos tão acostumados que nem prestamos mais atenção, só quando é forte demais, como ontem à noite, quando o céu ficou vermelho e ficamos na janela olhando.
Quando a apresentadora começou a dizer que o bairro estava sendo libertado, não consegui evitar, pedi a papai para desligar a televisão. E aquilo me deu vontade de chorar.
Não sabemos quando poderemos sair tranquilamente nas ruas.
Eu me sinto como se estivesse aprisionada na cidade.

Alepo, 26 de novembro de 2016

Hoje fomos ao cinema com todo o nosso grupo de escoteiros. Foi a primeira vez.

Foi uma associação humanitária francesa que nos levou lá. O cinema fica na frente do café Olímpia e se chama Zaharaa.

Fomos ver *Trolls*, uma história cheia de cores e canções. Era feito mágica em uma tela imensa.

Alepo, 27 de novembro de 2016

Mísseis passaram bem em cima de casa. Mamãe começou a gritar antes de se enfiar no banheiro com Joelle, que chorava. Papai e eu nos escondemos atrás da parede, perto da porta de entrada.

É ali que a gente se esconde quando não dá tempo de descer para a casa da vizinha do terceiro andar. Foi o que papai e mamãe nos ensinaram.

Alepo, 2 de dezembro de 2016

Há uma semana, muitas famílias saíram dos bairros em que estavam sitiadas para se reunirem com seus próximos aqui, do nosso lado da cidade.
    Muita gente foi se abrigar com seus parentes. Os maristas azuis cuidam deles e é mamãe a encarregada de supervisionar a equipe das cestas básicas que são entregues. Todas as famílias são muçulmanas, pois não há mais cristãos na parte leste desde o início da guerra.

Depois da escola e de fazer os deveres, agora há pouco, acompanhei mamãe, que ia visitar essas famílias. Uma delas mora no bairro de Tellal, não muito longe da praça Farhat.
    A família se chama Akch. Eles eram quatro até a semana passada. Moram a mãe e suas três filhas — o papai morreu. A mãe não tem mais trabalho e vive graças às cestas básicas. As crianças frequentam as aulas no lar dos irmãos maristas.
    Desde a semana passada, são 35 pessoas no apartamento. A família apertada do outro lado uniu-se

a elas. "Eles atravessaram a pé para chegar até aqui, como quando partimos de Jabal Sayid."

    O prédio em que eles vivem é bem pobre e, lá dentro, é bem pequeno. Há dois pequenos cômodos e não tem água. Perguntei como eles dormiam. A senhora me respondeu: "Em zigue-zague, com a cabeça de um aos pés do outro, tudo depende do colchão".

Alepo, 5 de dezembro de 2016

Hoje Aya estava contente, pois sua irmã e seus quatro sobrinhos conseguiram chegar sãos e salvos na parte oeste. Aya é muçulmana e trabalha com os maristas há dois anos. Ela e sua família moram no bairro de Hanano. O pai dela trabalhava na companhia de eletricidade, mas, quando as pessoas da revolução entraram em seu bairro em 2012, ela e outras famílias muçulmanas preferiram fugir para vir para a zona oeste.

Fazia 25 anos que eles moravam em Hanano. Primeiro, eles encontraram refúgio na cidade velha, na casa da avó, mas, mesmo lá, por causa das bombas, tiveram que se mudar. Aya diz que eles eram como pássaros migratórios.

Uma de suas irmãs, que era casada, decidiu ficar em Hanano porque o marido dela tinha se unido às pessoas da revolução. Foi essa irmã quem decidiu, há alguns meses, vir se reunir com toda a família com seus quatro filhos. O menor se chama Hamad, e Aya o inscreveu no programa "Quero aprender".

Ele tem cinco anos e dá para ver bem que está triste. Às vezes, ele bate na mesa que nem em um tambor. Mamãe disse que é normal, e que é porque ele ouviu bombas demais caindo.

Alepo, 17 de dezembro de 2016

Já tem vários dias que os bombardeios cessaram ou ficaram muito longe. Está quase calmo e tem energia elétrica no apartamento.
    Na televisão, a apresentadora continua a dizer que o Exército entrou nos bairros dos terroristas. Só tem imagens de casas destruídas e de pessoas carregando colchões sobre a cabeça.

Teve um momento, essa noite, enquanto a gente olhava as notícias, que tiros ressoaram do lado de fora, bem forte. Ficamos todos imóveis. Papai tirou o som da TV para ouvir melhor.
    Não parava mais, ia ficando pior até, como se os tiros se aproximassem. Fiquei parada como uma estátua, Joelle começou a chorar. Mamãe disse que talvez as pessoas da revolução tivessem entrado na cidade.
    Pela janela, a gente via traços vermelhos que subiam para o céu. Tinha uma DShK que atirava sem parar.
    A gente não se mexia. Nem falava. Mamãe e papai apagaram as luzes. Mas aquele barulho continuava a se aproximar, cada vez mais.

Teve uma hora que o telefone de mamãe tocou. Era o tio Rami. Mamãe colocou no viva-voz. Ele dizia que estavam atirando porque a cidade tinha sido liberada. Papai respondeu que não era possível, senão teria acontecido um comunicado do porta-voz do Exército na televisão.

Desligamos e telefonamos para o irmão Georges. Ele dizia que a cidade estava liberada, que ele estava no terraço dos maristas e que era como se tivessem fogos de artifício no céu.

Atrás de nós, a apresentadora da televisão começou a rir e a cantar: *"Allah, Souria, Bashar ou bass* [Deus, a Síria, Bashar e ninguém mais]". Papai aumentou o volume. Ela gritava que a cidade estava quase inteiramente liberada e que os terroristas tinham se rendido e que eles estavam abandonando os últimos bairros.

Papai continuava sem se mexer. Ele dizia que era preciso esperar o comunicado oficial. Mas mamãe, Joelle e eu nos abraçamos, dizendo que pronto, a gente ia poder voltar para Jabal Sayid.

Alepo, 23 de dezembro de 2016

Hoje de manhã foi o primeiro dia sem bombas. No ônibus escolar todo mundo conversava, cantava, as crianças faziam desenhos nos vidros embaçados. Chovia, mas não tinha problema. A gente estava tão contente.

Deixaram a gente brincar no pátio de recreio. E os intervalos duraram muito mais que as aulas.

Alepo, 24 de dezembro de 2016

Essa manhã, com os jovens do programa Skill School,[32] fomos para a praça de Farhat, lá onde tinham feito a missa para os primos Gevorg e Abu.
É o antigo bairro cristão da cidade. O bairro das catedrais maronita, siríaca católica, grega ortodoxa e armênia.
Chegando ali, o irmão Georges nos colocou de pé, em círculo, e nos explicou por que estávamos lá. "Vamos andar naquilo que foi a antiga frente de combate uma semana atrás. Cada um terá que escolher uma pedra que tenha sentido para vocês, e essa pedra, que vem da destruição, nós a utilizaremos para a construção do nosso presépio. Essas pedras são as testemunhas do que aconteceu aqui. Elas devem servir para reconstruir a cidade. Essas pedras da guerra devem se tornar as pedras da paz."
Começamos a caminhar em fila indiana.
As destruições são imensas. Não reconheci nada, nadinha mesmo. Era como se um furacão tivesse passado sobre a cidade.

---

32 Programa dos maristas de Alepo que ensina ofícios aos jovens.

Tudo estava plano, como se tivesse sido martelado por uma mão gigantesca. Por todo lado só se via um campo de ruínas. As vitrines das lojas estão despedaçadas. Tento imaginar que um dia elas estiveram abertas, mas é bem difícil.

Penso nas pessoas que moravam aqui, talvez estejam mortas?

A pedra que escolhi vem de uma casa. Uma casa sem teto, da qual só tinham ficado em pé duas paredes — a dos fundos e a da direita.

Lá dentro havia uma cadeira e uma mesa ainda de pé. Como se alguém tivesse ficado sentado ali, olhando esses quatro anos de guerra.

Caminhamos até o antigo *suque* da cidade velha. Não sobrou mais nada dele. Tudo foi queimado, do chão ao teto.

Em uma das lojas destruídas, um grande canhão esperava. O soldado que nos acompanhava explicou que os terroristas tinham abandonado tudo ali. Eles usavam-no para atirar na cidadela.

Estávamos bem atrás dela. Mesmo destruída, mesmo danificada, ela continua reinando, inabalável.

Alepo, 25 de dezembro de 2016

É Natal. Essa manhã, fomos à missa na catedral maronita de São Elias da praça de Farhat. Tinha um monte de gente do lado de fora esperando para poder entrar.

A construção não tem mais teto. E, pelo grande buraco, a chuva entra. Faz frio, mas, apertados uns contra os outros, a gente se mantém quente.

Com os pedaços de madeira e as pedras de todos os escombros, os padres fizeram como nós, na escola: construíram um grande presépio com a Virgem, José, e os Reis Magos.

Alepo, 22 de janeiro de 2017

Foi mamãe quem quis. Papai prefere não voltar mais lá. Há vários dias, mamãe quer voltar em Jabal Sayid. Uma de nossas antigas vizinhas nos contou como tudo estava desde que os combates tinham cessado, como os curdos tinham expulsado os jihadistas, e como tudo tinha ficado silencioso e vazio. "E, depois, eu queria pegar a foto de nosso casamento...", disse mamãe.

Eu queria reencontrar minhas bonecas na mala. Então, mamãe anunciou: "Eu vou com Myriam. Eles nunca sequestraram mulheres".

Mamãe pegou uma sacola de lona para levar. Eu não peguei nada. Do lado de fora, fazia frio mas o sol se esparramava por todo o lado. Ao longe, a gente ainda ouvia os bombardeios. Os terroristas continuam nas portas da cidade.

A primeira barreira, mantida pelo Exército sírio, estava bem na entrada do grande bulevar, ao lado do parque em que se encontravam os desabrigados turcomanos. Tudo estava vazio, exceto pelas carcaças de carros escurecidas pelo fogo. O chão estava sujo e recoberto de pedacinhos de metal enferrujados que vinham dos obuses explodidos.

Os militares nos pediram os documentos de identidade e uma mulher veio até mamãe para inspecionar sua bolsa. Ela perguntou: "Você está vindo ver sua casa?". "Sim", respondeu mamãe. Depois, ela nos deixou passar, indicando uma outra barreira a cem metros.

Eram os curdos. Eles nos pediram a mesma coisa. Tivemos que deixar nossos documentos de identidade, que eles prometeram nos devolver na volta. À nossa volta, não havia nada. Só o silêncio e o barulho dos pássaros.

Os curdos nos indicaram o caminho a seguir "por causa das minas terrestres". Tinha um monte de lugares bloqueados por morros de terra em que carros quebrados ficavam em cima.

"Myriam! Antonia!" Vozes nos chamaram no final da rua. Eram Johnny e Lina. "Vocês estão aqui, é um sinal!" Johnny queria voltar para ver sua loja. Ele queria ver o que eles tinham feito da sua ferraria e suas ferramentas. A grade de ferro tinha sido arrancada e jazia por terra. Dentro, não tinha mais nada.

Depois, em silêncio, mamãe me levou para a nossa rua. Para o nosso apartamento. E encontrei a caixa amassada.

Alepo, 1º de fevereiro de 2017

Há um mês não tem mais bombardeios no centro da cidade. Durante o dia e às vezes à noite, a gente ouve bombas ao longe que continuam. Alepo foi libertada, mas os jihadistas continuam nas fronteiras e rodeiam a cidade. Não temos mais água de novo por causa do Daesh, que a cortou a oitenta quilômetros daqui.

As lojas reabrem, mas papai diz que ninguém tem dinheiro por causa do embargo. Perguntei o que era isso. Mamãe me explicou que muitos países estavam irritados com o presidente e tinham decidido bloquear a Síria.

Perguntei: "Mas se as pessoas não têm mais dinheiro, então por que as lojas estão abrindo de novo?". Ela respondeu que isso fazia bem às pessoas. "Assim, elas têm a impressão de que tudo está voltando ao normal."

Continuamos cercados, mas pelo menos podemos andar na cidade sem medo de morrer. O inverno está desaparecendo devagarzinho. O sol está voltando.

Alepo, 10 de março de 2017

Ontem, com o irmão Georges, conversamos sobre o perdão e a reconciliação. Ele disse que, nos Evangelhos, está escrito que é preciso perdoar aqueles que nos ofenderam. Mas eu não tenho vontade de perdoar aqueles que estavam ali na frente, porque eles nos fizeram sofrer, eu e os outros habitantes de Alepo.

Foram eles que decidiram atacar Alepo, não nós. Foram eles que sitiaram Alepo, bloqueando a estrada e nos deixando passar fome durante meses. Foram eles que atacaram nosso bairro e nos obrigaram a abandoná-lo.

Nunca os perdoarei pelo dia 10 de abril, e pela noite em que o míssil caiu onde eu tinha acabado de passear com papai, mamãe e Joelle.

Irmão Georges me escutou até o final. Ele me disse que era verdade, que uma grande desconfiança tinha se instalado em Alepo contra os novos moradores que chegavam vindos dos bairros da parte leste. Seriam eles vítimas, como nós? Seriam eles terroristas? O que fizeram durante o período de sítio?

Irmão Georges disse que impuseram a eles uma situação militar que não podiam controlar. E que, se quiséssemos voltar a viver juntos, seria preciso nos reconciliar. "Você sabe, a sua melhor amiga é Judi e ela é muçulmana. Será que ela tem alguma coisa a ver com aqueles ali da frente?" Respondi que não. "Há muitos muçulmanos, como Judi, desse lado da cidade que fugiram e que se recusaram a viver sob a regra dos islâmicos", continuou o irmão Georges.

Ele continuou: "Quem é sua coordenadora no Skill School?".

"Dalia."

"E o que ela é?"

Não soube o que responder. Eu tinha entendido.

Então, ele continuou: "Ela é muçulmana e ela cuida do grupo em que todas as crianças são cristãs... E, além disso, pense em Ammo, Abu Mohamad, o motorista do ônibus que te leva todos os dias para a escola. Ou até mesmo em Aya, cuja irmã foi embora de novo com os filhos para encontrar com o marido na Turquia. Ela trabalha conosco. E olha como, durante a distribuição das cestas básicas, as famílias de refugiados da parte leste estão gratas à sua mamãe aqui".

Epílogo

Tenho treze anos. Cresci rápido, rápido demais.
Sei reconhecer as armas, sei reconhecer as bombas. Sei quando é preciso se esconder e como se deve esconder.
Mas, principalmente, sei o que é a morte. A perda de pessoas que se ama, e o medo de morrer.
Eu me vi encurralada em um conflito sem nome, sem palavra para as crianças. Não o entendi.
Falava-se de guerra civil, falava-se de bombardeios russos, de coalizão internacional.
Para mim, era só medo, tristeza, angústia. E as lembranças de uma vida de antes que não recuperarei nunca mais.

O PODER no CAOS

Posfácio

Cheguei em Alepo poucas semanas após a última vez em que Myriam escreveu em seu diário. Foi no início de abril de 2017, e a cidade vivia um clima que misturava esperança e medo. No entorno da cidadela, dezenas de milhares de pessoas começavam a retornar de um longo exílio na tentativa de recomeçar suas vidas em meio às ruínas. Pouca coisa havia mudado desde dezembro, quando as forças leais ao presidente sírio Bashar al-Assad expulsaram os últimos grupos rebeldes de Alepo.

Nos edifícios, as marcas dos intensos bombardeios e da artilharia pesada ainda eram absolutamente visíveis. Muitos prédios haviam colapsado, outros, perdido partes inteiras. As fachadas devastadas mostravam as entranhas dos apartamentos. Sofás, camas, armários à mostra. Em um deles, vi uma sala de estar com os copos e pratos ainda sobre a mesa. Como se a vida, ainda que diante de todo o horror dessa guerra devastadora, seguisse até o mais insuportável dos ataques aéreos. Em outro, encontrei uma família descansando em uma sala sem paredes, observando um fim de tarde lindo que caía sobre a cidade pelo buraco aberto por um míssil.

Durante a noite, no conforto e proteção do meu quarto de hotel, eu olhava para a cidade velha de Alepo e conseguia apenas ver pequenos sinais de luzes. Talvez algumas velas, algum gerador. Já haviam se passado quatro meses desde o fim das batalhas, mas a água e a luz ainda não tinham retornado. A escuridão no horizonte era momentaneamente interrompida pelo clarão da artilharia e pelas explosões na periferia da cidade, onde os grupos rebeldes continuavam estacionados, tentando retomar os bairros mais afastados da área central.

Naqueles dias ensolarados de primavera, havia quase a certeza de que a guerra chegava aos seus dias finais. Assad, com o apoio crucial da Rússia, vinha ganhando terreno como nunca antes. Ao Leste, o Estado Islâmico experimentava sua maior derrota ao ver Mossul ser tomada pelo Exército iraquiano com o apoio fundamental dos Estados Unidos. Muitas pessoas com quem conversei nas ruas de Alepo tinham genuína fé de que os dias piores haviam passado. Elas estavam enganadas.

O conflito caminha para seu oitavo ano sem nenhuma perspectiva de fim. A vitória em Alepo, símbolo maior desse conflito que já deixou quase meio milhão de mortos e fez com que metade da população síria se tornasse um imenso e desorganizado exército de 12 milhões de refugiados, foi apenas um breve momento de calmaria em meio à tempestade. Nesta metade de 2018, não há nenhuma expectativa de que a paz retorne. Pior. Antigos atores que atuavam apenas nas sombras decidiram assumir papel protagonista nessa disputa que definirá, invariavelmente, o futuro do Oriente Médio.

A Guerra da Síria já não tem mais nada a ver com os sírios. De uma revolta popular causada por reformas liberais mal planejadas do governo e uma recessão econômica intensificada por um longo período de seca, o conflito sírio rapidamente se transformou em uma batalha de interesses regionais e globais. De um lado, Arábia Saudita, Qatar e outros países do Golfo se uniram para armar os rebeldes, principalmente aqueles ligados ao Islã Político. A Turquia e os Estados Unidos, por sua vez, decidiram apoiar uma facção secular dos rebeldes, sem ligação com movimentos religiosos, que foi massacrada por seus pares jihadistas. Na outra ponta, Irã e Líbano, com claro destaque ao Hezbollah, se uniram para apoiar o regime de Bashar al-Assad. A Rússia correu em socorro a Assad para defender seu antigo aliado e proteger a sua maior e mais importante base naval no mar Mediterrâneo, na cidade de Tartus. Logo, a guerra foi ganhando diferentes camadas, de acordo com os interesses de seus financiadores.

A mais clara delas é a disputa pelo controle ideológico e sectário do Oriente Médio. Desde a Revolução Iraniana, em 1979, as disputas entre xiitas e sunitas ganharam novos contornos. O Irã, maior e mais poderoso país de maioria xiita do Oriente Médio, entrou em rota de colisão com a Arábia Saudita, mais radical e mais rico país sunita da região e, até então, hegemônico. Os dois vivem uma espécie de guerra fria regional que tem se amplificado de forma perigosa nos últimos anos.

A invasão dos Estados Unidos ao Iraque, em 2003, foi o elemento desestabilizador que levou o Oriente Médio ao estado de caos em que se encontra agora. A decisão do governo norte-americano de colocar no poder um representante xiita para enfraquecer a base de poder do antigo ditador Saddam Hussein, um sunita, entregou o Iraque no colo do Irã. Como resultado, a Arábia Saudita se viu extremamente ameaçada e passou a agir de forma intensa na tentativa de desestabilizar aliados do Irã.

Em última análise, a Guerra Síria, assim como o surgimento e fortalecimento de grupos radicais como a Al Qaeda e o Estado Islâmico, é resultado de um levante sunita diante do crescente poder xiita na região. Bashar al-Assad é alauita, um ramo moderado do xiitismo, e tem ligações históricas com o Irã. Por isso, Arábia Saudita, Estados Unidos, Israel e Turquia viram o início da rebelião contra Assad, em 2011, como uma ótima chance de derrubá-lo. Em 2013, esses países consideravam certa a queda de Bashar, mesmo que para isso precisassem financiar, apoiar e treinar grupos tão radicais quanto o Estado Islâmico.

Eles não contavam, no entanto, que a Rússia entraria no jogo com a força que entrou. Além de preservar seu aliado e defender seus interesses militares na Síria, o presidente Vladimir Putin viu no caos uma chance de ampliar seu poder no Oriente Médio. Apostou alto, enviando apoio militar e financeiro a Assad, declarando guerra aos países ocidentais e, ao fim e ao cabo, parece ser o único vencedor até este momento. Ninguém mais age no Oriente Médio sem consultar a Rússia.

Várias guerras estão sendo travadas na Síria. A menor delas é entre o governo de Assad e os rebeldes que tentaram apeá-lo do poder. Hoje há apenas um pequeno bolsão de rebeldes, quase todos eles ligados a grupos radicais islâmicos, na província de Idlib, no norte do país. Mas a morte e o sofrimento continuam. A Turquia invadiu a província de Afrin, afirmando caçar os rebeldes curdos do PKK, o Partido dos Trabalhadores do Curdistão. Os Estados Unidos, apoiados pelos grupos curdos, inimigos mortais da Turquia, invadiram o Leste da Síria com a justificativa de combater o Estado Islâmico. Neste momento, tropas norte-americanas e turcas estão separadas apenas por um pequeno vale de dois quilômetros às margens do rio Eufrates. Aliados na OTAN, a Organização do Tratado do Atlântico Norte, os dois têm interesses divergentes na Síria e já trocaram ameaças mútuas.

Ao Sul, Israel decidiu entrar no conflito bombardeando posições iranianas na Síria. O Irã, por sua vez, atacou as colinas de Golã, sob domínio israelense. Na área de deserto na fronteira com o Iraque, o Estado Islâmico está se reagrupando, e mercenários russos aliados a soldados sírios tentam combater os jihadistas. Volta e meia, entram em confronto com forças norte-americanas e as milícias apoiadas por Washington.

A Síria permanece um caos e dificilmente o país terá as mesmas fronteiras dos últimos cem anos, quando foi criada em um acordo secreto entre ingleses e franceses na divisão do espólio do destruído Império Otomano.

Histórias como a de Myriam continuam se repetindo em diversas partes do país. E muitas meninas como ela não terão a mesma sorte de se tornarem conhecidas por seus relatos desse conflito impiedoso. Boa parte das crianças sírias não teve nenhum tipo de educação nesses últimos anos. Uma geração de analfabetos está surgindo. E o futuro reservado a elas não parece ter nenhuma semelhança com o destino dessa talentosa menina cristã, moradora de uma das mais fascinantes cidades do Oriente Médio. A tragédia e o banho de sangue continuam.

Yan Boechat
Com vinte anos de experiência e passagens pela *Gazeta Mercantil*, *Valor Econômico*, *IstoÉ* e portal IG, o repórter, fotógrafo e correspondente de guerra já esteve no Afeganistão, Ucrânia, Congo, Egito, Líbano, Venezuela, Angola e, mais recentemente, Iraque e Síria.
Kiev (Ucrânia), junho de 2018

SÍRIA ALEPO
Cidade Velha
Yan Boechat

O DIA
MYR
myrian

MYRIAM RAWICK começou a escrever em seu diário aos seis anos de idade. Seus registros sobre a Guerra da Síria compreendem o período entre novembro de 2011 e março de 2017. Refugiada em sua própria cidade, Myriam viu seu lar ser devastado e conta como Alepo, uma das cidades mais antigas do mundo, foi destruída num piscar de olhos. Desde o fim das hostilidades em sua cidade natal, Myriam voltou para sua antiga residência apenas uma vez. Ainda assim, algumas coisas continuam iguais: ela segue escrevendo sobre sua vida em seu diário.

RIO de
MIAM
rawick

PHILIPPE LOBJOIS é um repórter de guerra francês e autor de diversos livros. Estudou ciências políticas em Paris e já cobriu o Conflito Karen, em Mianmar (Birmânia), a Guerra do Kosovo e a Guerra do Afeganistão. Quando a Guerra da Síria eclodiu, ele decidiu ir até a cidade de Alepo, onde conheceu a história de Myriam. Após um mês vendo de perto o caos provocado pela guerra, ele conseguiu localizá-la e, juntos, trabalharam para dividir sua história com o mundo.

{O DIÁRIO de MYRIAM}
myriam rawick

"Adoraria que um dia as estrelas da minha bandeira fizessem parte de uma constelação e pudessem ser vistas por qualquer pessoa de qualquer parte do nosso planeta." — **Myriam Rawick**

DARKSIDEBOOKS.COM